Mon téléphone avec toutes les photos de mes sœurs, de maman, de papa, de mes copains et leurs numéros, mes vidéos, mes playlists. Bref, tout ce que j'aimais et qui constituait ma vie.

Et mes papiers – des papiers qui permettraient à n'importe qui de savoir que mon anniversaire est bien aujourd'hui, des papiers sur lesquels étaient consignés les nom et prénom de mes parents, le nom de mon village et tout ce qui me concernait, mon histoire, tous les trucs que j'oublie progressivement.

Par conséquent, ici, personne ne sait que c'est mon anniversaire. Et personne ne m'offre de cadeaux.

Si je recevais une carte d'anniversaire, je la montrerais aux Gardes en leur disant : « Hé ! Regardez ! Vous me croyez maintenant ? Mon nom ! Mon âge ! Écrits en toutes lettres ! Preuve ! »

Voilà pourquoi je veux vous raconter mon histoire, parce que les Gardes exigent que tout événement soit prouvé.

Mais je ne vous raconterai pas mon histoire passée, plutôt celle de ma vie maintenant, ici, au Camp, en commençant par aujourd'hui.

Le jour de mon dixième anniversaire.

Mon histoire débute ainsi…

M, I, E

Accroupis par terre, mes amis, M et E, ramassent des miettes de pain que M fait rouler pour former des boulettes. Au fur et à mesure, elle y ajoute d'autres miettes, elle ajoute et elle roule, puis elle dépose avec soin les boulettes dans un sac en plastique suspendu à son poignet.

E aussi a un sac en plastique autour du poignet, mais il mange en cachette la plupart des miettes qu'il ramasse et ses boulettes ne tiennent pas. Elles ne ressemblent à rien.

E porte un pantalon trop grand pour lui, qui provient d'un don. Le bas a été retourné pour lui éviter de traîner dans la boue et le haut bâille au niveau de la ceinture. Dans cet accoutrement, il paraît encore plus petit qu'il n'est alors qu'il n'est déjà pas bien grand. Les vêtements de sa sœur, M, ne lui vont plus, les manches de son pull lui arrivent à peine au poignet. M et E ont l'air fin, accroupis par terre, elle trop grande et lui trop petit.

Au début, j'ai cru qu'ils ramassaient des miettes de pain foncé mais, en approchant, je me suis aperçu que la mie avait pompé l'eau boueuse, comme de la sauce.

– Qui veut jouer ? je demande.

E se lève d'un bond.

– Moi !!!!

– On fait des provisions, dit M. Regarde toute cette nourriture.

– En vrai ? je demande.

– Quand le camion de l'aide humanitaire est arrivé, m'explique M, tout le monde s'est rué sur le pain. Il ne restait plus rien avant même qu'on puisse approcher. Mais regarde – elle ouvre les bras pour montrer l'étendue de terre devant elle –, ils ont gaspillé tout ça. Ils ont laissé tomber des tas de miettes et les ont abandonnées. Un vrai trésor.

– À quoi on va jouer ? demande E sans cesser de mettre des miettes dans sa bouche.

– Ne mange pas tout maintenant, le gronde M. Tu n'en auras plus pour tout à l'heure.

– Je sais où il y a des pommes, dis-je.

M relève brusquement la tête.

– Quoi ?

– Des pommes ! Bien juteuses. Mais que pour les agents secrets.

– Pas pour les enfants alors, dit M en retournant à ses miettes.

Elle est de mauvaise humeur, aujourd'hui.

– Je te faisais marcher, dis-je. Mais il y a vraiment des pommes.

– Je suis un agent secret, dit E. Je peux avoir une pomme ?

– Je suis le chef des agents secrets, dis-je.

– Je suis le chef des agents secrets, dit à son tour E.

– Vous ne pouvez pas être chefs tous les deux, dit M. Maintenant, si tout le monde est agent secret, je le suis aussi.

– C'est idiot, dit E. Tu ne peux pas être agent secret puisque ce sont des hommes.

– Et vous, vous êtes des petits garçons, dit M. Je suis la plus vieille. Par conséquent, si quelqu'un est agent secret, c'est moi. Et de toute façon, c'est moi qui commande.

« Et pourtant, tu es encore une petite fille, je me dis. Tu n'es pas beaucoup plus vieille que moi. Et je n'ai que dix ans. »

– Sauf que tu ne sais pas où sont les pommes, dis-je.

– Montre-moi où elles sont et je me chargerai de notre sécurité.

M se chargera de notre sécurité ?

E ramasse une brindille.

– J'ai une arme, dit-il. C'est un fusil.

Je prends le sac en plastique de E et l'accroche par les anses à mes oreilles pour qu'il retombe sur ma nuque.

– Et j'ai une cape d'invisibilité. Allez, on y va.

Et nous voilà partis en quête des pommes, M, I (moi) et E.

– Les agents secrets n'ont pas de cape d'invisibilité, dit M, tu confonds avec les magiciens.

– Ce magicien vient de rejoindre les services secrets, dis-je. Tu es une sorcière ?

Au lieu de me répondre, M attrape E par le col et me pousse en même temps avec une telle force que je tombe dans un buisson et m'écorche le bras.

– Pourquoi tu as fait ça ? je demande.

– Chut !

Je jette un coup d'œil à travers les feuilles et vois un Garde. Il a un vrai fusil et il s'est arrêté un peu plus loin sur le chemin. M tient E plaqué au sol et lui intime de se taire en posant un doigt sur sa bouche.

On se trouve à la limite de la zone administrative. Seuls les Gardes ont le droit d'y pénétrer.

E brandit sa brindille.

– Je lui tire dessus ? murmure-t-il.

Je me demande si le Garde nous tirerait dessus. Je n'ai jamais entendu parler d'un Garde qui aurait tiré sur des enfants. En revanche, ils ont des matraques. La fois où on s'était tous réunis pour réclamer des couvertures parce qu'il neigeait, l'un d'eux m'a donné un coup de matraque sur le bras et j'ai eu un bleu qui a changé de couleur tous les jours pendant une semaine. On aurait dit un arc-en-ciel qui se formait au ralenti.

La matraque du Garde est cent fois plus grosse que la brindille de E.

– Pourquoi tu ne nous as pas dit que les pommes se trouvaient dans la zone administrative ? souffle M.

– Tu croyais les cueillir sur un arbre ? je demande.

Elle ne répond pas.

Le Garde passe devant nous sans nous voir, dissimulés que nous sommes derrière le buisson. J'ai toujours le sac de E accroché à mes oreilles.

– La cape d'invisibilité a marché, dis-je en levant les pouces.

– On va où, maintenant ? demande M.

– Au coin fumeur.

Le coin fumeur se trouve à l'extérieur du bâtiment administratif, c'est l'endroit où les Gardes fument leurs cigarettes. Dans le camp, personne ne fume, pas même les adultes. Les gens cherchent de la nourriture et de quoi se chauffer. Fumer ne sert à rien. Mais les Gardes s'en mettent sûrement plein la panse car ils n'ont pas l'air d'avoir faim, ils ne sont pas maigres et ils perdent leur temps à mettre une cigarette à leur bouche et à cracher de la fumée.

Et ils gaspillent la nourriture. S'ils se payent ce luxe, c'est sans doute qu'ils en ont beaucoup. Ce qui m'amène à me demander pourquoi ils ne partagent pas leurs provisions. Pourquoi ils n'autorisent aucun d'entre nous à sortir du Camp pour essayer de trouver sa propre nourriture ? Ça occupe beaucoup mes pensées.

– On creuse un tunnel ? demande E.

– Non, répond M. On va ramper dans les herbes. Sur le ventre. Comme des agents secrets en attaque surprise, tu te souviens ?

– Comme des espions, dit E. Ça passe ou ça casse.

L'herbe me chatouille le nez.

On rampe jusqu'au coin fumeur sans être vus. Il est plus facile de passer inaperçu quand on est un enfant.

– Je suis un chat qui avance vers un oiseau, dis-je.

– Je suis un tigre qui chasse un singe, dit E.

– Chut ! dit M.

Un peu plus loin, un Garde tire sur sa cigarette. M a peur qu'on se fasse repérer.

Moi, je ne m'en fais pas. Si un des enfants du Camp se fait prendre en train d'enfreindre une des règles en vigueur, ce sont ses parents qui sont sanctionnés. « Sanction » est un autre mot pour « punition », comme être renvoyé au bout de la queue. Si je ne crains pas de voir ma famille punie, c'est que je l'ai perdue. Ou ma famille m'a perdu. M et E n'ont pas de famille non plus parce que la leur a disparu dans un bombardement.

Et on n'est même pas dans la queue, alors

comment pourrait-on être renvoyés au bout ? Si les Gardes nous refoulaient au bout de la queue, ce serait génial, comme une récompense.

Alors, quand je vois le Garde, je me tais comme M me l'a recommandé, mais seulement parce que je me rappelle l'arc-en-ciel sur mon bras.

Le Garde est juste à côté d'une poubelle, mais il jette quand même son mégot par terre. Il y en a partout.

– Je ne vois pas de pommes, dit M.

– Attends, dis-je.

Le Garde inspecte les environs. Je me demande s'il nous a entendus. Puis je m'aperçois qu'il n'inspecte que vaguement les environs. Son boulot consiste à fumer des cigarettes et à inspecter les environs. Maintenant qu'il a fumé, il passe à la partie « inspection des environs ».

« Mission accomplie », je l'imagine se dire. Il tourne les talons et se dirige vers le bâtiment.

– Bang ! dit E en tirant dans le dos du garde avec sa brindille.

– Chut ! dit M.

Mais le Garde passe déjà la porte.

– Tu l'as manqué, dis-je à E qui souffle sur la fumée s'échappant du bout de sa brindille.

Je me lève.

– Qu'est-ce que tu fais ? chuchote M.

– Regarde, dis-je et je vais droit à la poubelle.

J'entends E retenir son souffle derrière moi. E aime bien jouer les durs mais il n'est qu'un tout petit garçon et il ne voit jamais M jouer les dures car son boulot est de protéger son petit frère. Si elle s'attire des ennuis pour avoir joué les dures, elle sera séparée de E et il n'aura plus personne. Il sera tout seul.

Or, les petits comme E, livrés à eux-mêmes, disparaissent. Ils se font enlever.

C'est pourquoi il faut se serrer les coudes, faire gaffe les uns aux autres.

Je suis à côté de la poubelle. Je fais signe à M et E. M s'aplatit derrière un autre buisson, entraînant son frère avec elle. J'ai l'impression de jouer à cache-cache.

J'enfonce le bras dans la poubelle et fouille l'intérieur. Je frôle quelque chose de collant, sans doute un vieil emballage. Puis un tissu doux et chaud que je pense être le vieux chiffon avec lequel les Gardes retirent la boue de leurs chaussures. Puis je touche une petite tige, du genre qui se trouve au sommet d'une pomme, la queue. Je la saisis entre le pouce et l'index et la retire. Il y a deux autres pommes – j'ai vu les Gardes les jeter un peu plus tôt quand je les espionnais.

Je sors les trois pommes de la poubelle et retourne en vitesse au buisson. M et E tendent leurs mains avec empressement.

M se rembrunit.

– Il n'y a pas grand-chose à manger.

Mais E dit :

– C'est incroyable !

Et il se met aussitôt à croquer dans sa pomme.

Ils ont raison tous les deux. J'ai donné le plus gros trognon à E parce qu'il est le plus jeune, le plus petit à M parce qu'elle est la plus grande et j'ai gardé le moyen pour moi. Il est assez charnu. M n'a pas tort en disant que les gens gaspillent. Les Gardes n'ont pas mangé le trognon de leur pomme parce qu'il est plein de pépins et moins juteux – et pourtant, je croque dans une demi-pomme. Je ne crache pas les pépins qui sont bons aussi. Ce n'est pas la partie du fruit la plus moelleuse mais elle n'en est pas moins délicieuse.

– C'est un régal ! dit E.

Il sourit et mange en même temps.

– Ne parle pas la bouche pleine, le gronde M.

Mais elle sourit aussi et je sais que j'ai bien fait. Ça vaut cent mille fois de vieilles miettes de pain imbibées de boue.

« Joyeux anniversaire ! » me dis-je.

I, R, E

Le Camp ne ressemble pas à l'idée que la plupart des gens se font du camping. Quand ils viennent passer une journée au Camp pour nous offrir de la nourriture ou des vêtements propres, vous devriez voir leurs têtes – comme si le monde avait explosé.

Charité m'a raconté que, chaque fois qu'elle proposait à des amis de venir au Camp, ils s'attendaient à voir une colonie de vacances. Vous imaginez ! Charité est une bénévole qui a visité le Camp si souvent qu'elle a fini par s'y installer. Je trouve ça bizarre dans la mesure où tout le monde au Camp rêve de s'en aller or Charité a choisi d'y venir et d'y rester. La dernière fois, elle est arrivée au volant d'un bus à étage qu'elle a garé au sommet de la colline. Puis elle a annoncé que le bus était le centre d'accueil des femmes et des enfants.

M m'a expliqué qu'un espace réservé aux femmes et aux enfants était une nécessité car les femmes seules ne se sentent pas en sécurité. Quant aux mineurs non accompagnés, ce sont eux qui ont le plus à craindre. Je suis un mineur non accompagné. Sauf que ça n'est pas tout à fait vrai puisque je suis avec M et E. Ils sont ma compagnie. Je me doute que par « non accompagné » on entend « par un adulte ». Et c'est vrai. Certains enfants et femmes isolés dorment dans le bus de Charité. L'endroit est archisûr et l'accès interdit aux hommes.

Cela dit, il y a encore plein de gosses qui se baladent tout seuls à toute heure du jour.

Certaines familles du Camp vivent dans de grandes boîtes en fer. Je les ai vues. De grandes boîtes en fer avec une porte et des lits superposés à l'intérieur. Elles me rappellent un souvenir très ancien, antérieur à tout ça. Ma sœur avait fabriqué une maison de poupées dans un carton à chaussures à l'intérieur duquel elle avait aligné de petites boîtes d'allumettes en guise de lits pour ses poupées. Des poupées à soucis. En couchant ses poupées, on couche ses soucis, vous voyez ?

Ça, je me le rappelle.

Mais c'est le passé et les grandes boîtes en fer sont le présent. Je n'aimerais pas dormir dans une de ces boîtes mais, de toute façon, elles sont exclusivement destinées aux familles ou aux groupes. Les mineurs non accompagnés, comme moi, ne seraient pas en sécurité dans une de ces boîtes en fer.

Je vis avec M et E dans une cabane en bois sans eau ni lumière ni chauffage et il arrive que des rats se faufilent à l'intérieur, mais c'est mieux qu'une tente. On a trouvé un tapis dans la gadoue du fossé, qu'on a mis à sécher. Quand la boue a formé une croûte, on a tapé dessus jusqu'à ce qu'elle se transforme en poussière et s'envole. De marron, le tapis est devenu rouge et on l'a étalé par terre. Dessus, on a posé un cageot à l'envers sur lequel on a collé une bougie. C'est comme une maison. La nuit, on pousse le verrou de la porte et on n'est pas trop mal.

C'est là qu'on va maintenant parce que j'ai une surprise. Une surprise d'anniversaire.

– Qui veut jouer ? je demande.

E saute sur place.

– Moi ! Moi ! Moi ! Moi !

Je m'en doutais.

J'ai volé un brin de laine à la couverture de Charité.

En fait, j'ai d'abord trouvé les figurines en plastique. Je fouillais dans le fossé à la recherche d'autres matériaux pour la cabane quand je suis tombé sur un soldat en plastique, un gladiateur en plastique et un docteur en plastique. Les Gardes s'efforcent d'empêcher les enfants de fouiller dans le fossé parce que c'est l'endroit où on jette les détritus – les vêtements déchirés ou les chaises cassées ou les cuillères tordues ; mais on y trouve aussi de la nourriture avariée et des bouts d'oiseaux morts et d'autres trucs dégueulasses du même genre, mais seulement dans le Fossé Profond. Dans la partie haute près de la surface, on trouve surtout des bricoles et c'est là que j'ai déniché les figurines. Elles sont à peu près de la taille des poupées à soucis de ma sœur mais sont beaucoup plus réalistes car elles sont en plastique au lieu d'être bricolées à partir de vieilles pinces à linge.

Donc, j'ai trouvé mon soldat, mon gladiateur et mon docteur et j'ai emprunté trois brins à la couverture de Charité. C'est celle dans laquelle elle s'enroule pour avoir chaud. Bien sûr, je n'ai pas tiré sur le brin. Sa couverture s'effiloche et ses brins de couleurs différentes s'accrochent partout. Une fois, Charité m'a offert un sandwich au fromage dans lequel un brin de laine était resté coincé. En retirant celui-ci, j'ai vu qu'il mesurait soixante centimètres ! En fait, ce fil-là figure parmi ceux que j'ai pris.

J'ai noué une extrémité d'un des brins autour de la tête du soldat et l'autre au bout d'une branchette. Puis j'ai fait la même chose avec le gladiateur et le docteur.

Quand on agite les branchettes, les figurines dansent ou volent ou courent ou se battent. On peut leur faire faire ce qu'on veut.

Comme c'est mon anniversaire, j'offre des cadeaux à mes amis. Maman disait toujours : « Donner, c'est recevoir. » Par conséquent, si on adopte cette maxime, les figurines sont mes cadeaux d'anniversaire.

E les adore. Il attrape sans hésiter le gladiateur, qui a une lance et un casque en fer, et il le fait courir dans la boue à la chasse aux scarabées et aux vers.

- Pique ! Pique ! Pique ! crie-t-il d'une voix suraiguë.

J'offre le docteur à M.

– Et pourquoi j'ai le docteur ? demande-t-elle, l'air vexé.

Ce n'est pas la peine de discuter. Je lui donne le soldat. Je prends le docteur et attends que le gladiateur ou le soldat vise ou poignarde l'autre. Après quoi, je les évacuerai par voie aérienne vers un lieu sûr ou je les enterrerai.

Le soldat bondit sur la tête du gladiateur.

– Bang ! Tu es mort ! hurle M.

Vous voyez ?

Je décide que le docteur va balancer un coup de poing sur le nez du soldat puis l'étrangler avec son stéthoscope.

– Mon gladiateur lance des éclairs ! dit E.

Les brins de laine s'emmêlent et chacun mène une lutte acharnée pour récupérer sa figurine quand on entend des hurlements stridents en provenance du sommet de la colline. On laisse tomber nos branchettes.

– C'est R, dit M.

Bien sûr que c'est R. C'est toujours R. Qu'est-ce qu'elle mijote cette fois-ci ?

On se précipite au sommet de la colline. Une petite foule s'est rassemblée et regarde R qui se bat avec la jambe d'un Garde en poussant des cris perçants. R sait hurler comme un loup, barrir comme un éléphant, rire comme une hyène et cracher comme un chat. À l'instant, elle donne l'impression de faire les quatre en même temps.

R est accrochée, la tête en bas, à la jambe du garde et elle tire sur sa botte. Le Garde essaie de se débarrasser d'elle mais elle se cramponne à lui comme un singe. D'autres Gardes tentent de se saisir de R mais, dès qu'ils approchent, elle sort les griffes.

– R ! Arrête ! crie M.

R n'a pas de chaussures aux pieds. Une de ses chaussettes pend au bout de son gros orteil après qu'un Garde a essayé de la tirer en arrière. Ce qui l'a mise dans une rage folle car R attache beaucoup d'importance à sa tenue. Elle porte un haut de sport et un bas de jogging comme si elle s'apprêtait à disputer une course – pour obtenir la médaille d'or.

– Elle va avoir des ennuis, dis ? demande E.

Je ne lui réponds pas. Quels ennuis ? Qu'est-ce qu'ils pourraient lui faire – l'enfermer ? On est déjà enfermés. Quoi d'autre – la jeter hors du Camp ? R essaie de s'enfuir depuis le premier jour.

En revanche, les Gardes pourraient lui faire mal.

J'en vois certains rire, mais un autre est en train de sortir sa matraque.

– M, fais quelque chose, lui dis-je.

Mais que peut-elle faire ? Leur seul point commun est qu'elles sont des filles toutes les deux. Cela dit, M est plus raisonnable – elle est bien obligée car E a besoin d'elle pour le guider vers le droit chemin.

– Arrête, R ! crie M. Sinon, ils vont te faire du mal !

Vous voyez ? Comme si la tornade humaine qu'est R allait obéir à la recommandation de M.

C'est alors que, soudain, R parvient à arracher la botte du Garde. Elle la brandit au-dessus de sa tête comme un trophée.

– Ha ! Ha ! Ha ! hurle-t-elle en sautant sur place. Elle est à moi !

Puis elle se met à courir en emportant la botte.

Si les Gardes se lancent à sa poursuite, ils la frapperont dès qu'ils l'auront attrapée.

Aucun des adultes n'a l'air de vouloir intervenir. Quand on a été frappé une fois, on n'a pas envie d'y goûter à nouveau.

Alors, je me jette en travers du chemin de R. Elle est très maigre, comme tout le monde au Camp, mais elle dit avoir presque seize ans. Avec ses deux têtes de plus que moi, elle m'envoie valdinguer.

Mais je parviens à lui enserrer les jambes et à la faire valdinguer à mon tour, nous voilà emmêlés dans la boue. La botte lui échappe des mains et roule un peu plus loin. Le Garde la ramasse et se rechausse en nous lançant un regard noir.

Les autres Gardes applaudissent. Ils trouvent ça drôle.

– Tu es dingue ou quoi ? dis-je à R.

Elle me repousse, se relève et va se planter, mains sur les hanches, devant le Garde. Elle pointe le doigt sur son visage.

– Il a volé mes chaussures.

L'accusation flotte dans l'air, tout le monde encaisse le coup. Les Gardes restent pour voir ce qui va arriver, s'ils auront besoin de nous frapper.

– Alors ? demande un des adultes au Garde.

– Oui, reconnaît-il. Nous avons confisqué les

chaussures de l'Enfant R ainsi que celles des enfants Y et B qui comptaient s'en aller.

C'est comme ça qu'ils nous appellent – l'Enfant M, l'Enfant E, etc., etc., etc. Parce qu'on ne peut pas prouver notre identité.

Je suis l'Enfant I.

– Vous voyez ? dit R.

– Vous ne pouvez pas faire ça ! je crie.

– Voleur ! hurle R.

– Ses amis et elle marchaient sur la voie ferrée, dit le Garde. Nous avons un devoir de protection.

– Les autres et moi, on a passé la clôture en douce, m'explique R en souriant. On voulait monter dans un train.

– Si un mineur non accompagné se met en danger, poursuit le Garde, nous devons recourir à n'importe quel moyen satisfaisant pour assurer sa sécurité.

– Mes chaussures ! hurle R.

– Y compris lui retirer ses chaussures, si le mineur s'aventure en terrain dangereux.

– Mais vous ne pouvez pas lui prendre ses

chaussures, s'insurge un des adultes. Comment pourra-t-elle se déplacer dans le Camp ?

Le Garde hausse les épaules.

– Vous n'avez pas le droit de me garder ici ! crie R. Ma tata va me prendre chez elle. J'ai des droits.

– C'est vrai, dis-je. J'ai vu les photos. R nous a tout raconté. Sa tata vit dans une grande maison et elle a plein d'argent. Elle a promis de s'occuper de R.

Les Gardes sont alignés, bras croisés.

– Et à qui l'Enfant R a raconté cette histoire ? demande le Garde responsable.

Il ne s'adresse pas à elle, il la trouve sans doute trop excitée pour lui parler directement. Elle marche en décrivant de tout petits cercles et en parlant toute seule, les poings levés comme si elle s'apprêtait à disputer deux rounds sur un ring de boxe.

– A-t-elle été corroborée ?

– Corroboquoi ? me demande E en fronçant le nez.

– Le Garde veut savoir si R peut le prouver, je traduis.

– Le Garde pense que R ment, ajoute M.

– Je ne mens pas ! hurle R.

Elle se précipite vers le Garde, le menton levé en signe de défi. Ses collègues posent la main sur leur matraque.

– Elle ne ment pas, dis-je pour la soutenir. Elle ne devrait pas être là.

– Entendu, dit le Garde en croisant enfin le regard de R, et en tendant la main. Passeport ?

Le passeport de R. Son Livre de vie.

Elle n'en a pas. R s'est fait voler son Livre de vie et c'est ça, son problème. Sans Livre de vie, tout ce que R dit est susceptible d'être un gros mensonge.

Au Camp, les passeports s'appellent des Livres de vie. Sans Livre de vie, on n'a pas de vie. Pour commencer, on ne peut pas prouver qu'on est qui on est. On pourrait s'appeler n'importe comment. R dit que sa tata vit dans un joli village avec son mari dentiste. Ils sont même venus visiter le Camp, ils ont parlé à R, lui ont donné de la nourriture et des vêtements (les chaussures que le Garde vient de lui voler !).

Ils ont eu une conversation avec l'homme de la zone administrative, lui ont raconté que la mère et le père de R avaient été tués par les soldats, que R et son frère aîné avaient fui, qu'ils avaient fait la traversée en bateau et que le bateau avait coulé parce que les passagers étaient trop nombreux. Le frère de R s'était noyé et, depuis, elle était toute seule.

Sauf qu'elle n'est pas toute seule. Elle a sa riche tata dans le joli village. Mais R a perdu son passeport en mer avec son frère, alors rien de tout ça n'a d'importance. L'homme de la zone administrative leur a dit que l'histoire de l'Enfant R était susceptible d'être un gros mensonge. Et que, sans son passeport, elle ne pouvait pas prouver qu'elle était R. Par ailleurs, il ne croyait pas non plus sa tata car, elle aussi, était susceptible de mentir.

Pas étonnant que R soit toujours en colère. Elle est rayée de la carte.

Pour transiter du port d'un pays au port d'un autre pays, il faut un passeport. C'est ça, le problème. Le passeport raconte toute l'histoire d'une vie – nom, date de naissance, noms des parents, lieu de résidence, endroits où on s'est rendu et photo du visage. Toute une vie inscrite sur différentes feuilles de papier reliées ensemble pour former un livre essentiel – le Livre de vie.

Et le plus important, au moment où on est pris en photo pour le Livre de vie, il ne faut pas sourire. Si on sourit, le Livre de vie ne sera pas validé. Il faut montrer qu'on a une vie triste.

Je veux avoir une vie gaie. Mon Livre de vie devrait être rempli de photos de moi en train de sourire – de sourire à ma famille et à mes amis qui, rassemblés autour de l'appareil, me crient de dire *cheese*.

Moi aussi, j'ai perdu mon Livre de vie. La plupart des mineurs non accompagnés du Camp ont perdu leur Livre de vie. Ils ont été volés ou saisis ou bombardés ou brûlés ou ils ont coulé.

Voilà pourquoi je dois raconter mon histoire, ainsi que celles de M, E et R. Si personne n'écoute nos histoires, on ne sortira jamais de cet endroit. On ne trouvera jamais un nouveau toit. On n'aura jamais de nouvelle histoire ni d'autre vie.

Les chaussettes de R sont couvertes de poussière et déjà trouées au talon parce qu'elle a marché avec. Je crains qu'elle ne saute à nouveau sur un des Gardes. Le regard de E va de R aux Gardes. Il a l'air sur le point de pleurer.

M plonge la main dans son sac en plastique et dit à R :

– Regarde ! J'ai fait des boulettes de miettes. Tu en veux ?

E tourne aussitôt les yeux vers la boulette. On dirait un chiot affamé, et pourtant il a déjà mangé sa part de miettes plus le trognon de pomme. R approche la main pour prendre la boulette. Elle plisse les yeux et une expression rusée passe sur son visage. L'espace d'un instant, je crois qu'elle va jeter la boulette à la tête du Garde qui lui a volé ses chaussures. Mais elle semble se raviser et la fourre dans sa bouche avec la boue et le reste.

E ne peut masquer sa déception. Allez savoir pourquoi, il pense que chaque boulette est pour lui.

J'ai une idée. Je m'avance et souris.

– Qui veut jouer ? je demande.

Le Camp avait un centre de loisirs monté par un groupe de bénévoles. On pouvait y jouer au ping-pong, au baby-foot et à d'autres jeux sympa. Mais les types qui l'ont construit ont décidé qu'il ne serait accessible qu'aux garçons, ce qui signifie que M et R ne pouvaient pas y aller. Cela dit, j'en ai profité. Il y avait des trucs à manger, des jeux de cartes et de la musique.

Puis, pour une raison obscure, les Gardes ont décrété que le centre de loisirs contrevenait aux règles du Camp parce que les gens qui l'avaient construit n'avaient pas demandé la permission de le faire. Par conséquent, ils l'ont démoli. Quel gâchis !

Mais les choses se sont arrangées pour les filles car Charité a récupéré le baby-foot qu'elle met à l'abri la nuit dans le bus des femmes et des enfants. Et, la journée, le baby-foot est sorti sur le chemin et tout le monde peut y jouer – garçons et filles.

D'après M, le bus des femmes et des enfants ne sera jamais démoli comme l'a été le centre de loisirs car on ne peut pas démolir un bus à étage. On peut seulement le déplacer. Et, chaque fois qu'un des Gardes exige qu'il soit déplacé, Charité va le garer dans une autre partie du Camp. Et il ne sera jamais remorqué car quelle dépanneuse serait assez puissante pour tracter un bus à étage ?

M et moi jouons contre R et E au baby-foot et R se défoule sur les barres. On se prend une raclée, six buts à zéro, alors que E ne voit même pas par-dessus la table de jeu pour faire tourner ses joueurs. R joue comme si sa vie en dépendait. Je crois qu'elle a très vite oublié le Garde voleur de chaussures car c'est elle qui a marqué les six buts et qui sautille autour du baby-foot pour manifester sa joie en criant : « On a gagné ! » et en se moquant de M et moi qui avons perdu.

R n'a pas le triomphe modeste. Aucun d'entre nous ne s'en formalise parce que ça fait du bien de la voir sourire à nouveau. J'ai une autre raison d'avoir amené mes amis au bus des enfants, à part jouer au baby-foot. Charité a une caisse pleine de chaussures données par des gens qui ont appris notre situation. R y trouvera sûrement une paire à sa taille.

Effectivement ! Quand Charité sort la caisse de chaussures, le bruit s'est déjà répandu et c'est la ruée, du fait surtout d'hommes costauds qui vivent dans le Camp et écartent tout le monde. Mais R est devenue experte dans l'art de passer entre les jambes des gens. Par ailleurs, elle est rapide et n'hésite pas à jouer des coudes contre des hommes deux fois plus grands qu'elle.

R ressort de la mêlée, triomphante, en serrant une paire d'Adidas pas trop abîmées. Elle sourit d'une oreille à l'autre et donne l'impression de marcher sur un nuage.

Quand l'heure arrive de rentrer à notre cabane, je suis fatigué.

De son côté, R est remontée dans le bus des femmes et des enfants où, d'après Charité, elle dort au fond du bus à l'étage, enveloppée dans une couette.

– Comme une renarde blottie dans son terrier, dit Charité.

J'imagine R quand, moi aussi, je me blottis dans mon sac de couchage, persuadé de fermer les yeux en quelques secondes. Mais je m'aperçois que je suis en train de regarder M et E. Ils dorment ensemble sous un tas de vieilles couvertures. Tous les soirs, M sort un grand album photo.

Elle m'a raconté que son frère et elle étaient arrivés au Camp après avoir marché des kilomètres à travers la campagne, seuls, en se cachant derrière des haies pour éviter les inconnus, en mangeant ce qui leur tombait sous la main et en s'abritant dans des granges ou sous des arbres. Une fois, des hommes leur ont volé tout ce qu'ils possédaient, c'est-à-dire pas grand-chose. Quelques vêtements, des fourchettes, leurs imperméables en plastique. Les voleurs ont voulu prendre leur album photo, mais M les a suppliés de ne pas le faire. Elle s'était promis d'y faire attention et de l'emporter partout où ils iraient.

Maintenant, dans le calme de notre cabane, elle ouvre l'album et le pose sur les couvertures. Elle montre à son frère les visages sur les photos, dit le nom des amis et de la famille, se remémore le passé.

– Tu vois celui-là ? demande M à E. Tu te rappelles qui c'est – notre oncle qui habite l'ancien village de maman, celui avec la barbe broussailleuse ?

E regarde la photo mais ne dit rien. Il cligne des yeux, comme s'il ne parvenait pas à se rappeler. Ou ne voulait pas se rappeler.

Quant à moi, je me rappelle mon oncle qui avait, lui aussi, une barbe broussailleuse, je me rappelle son expression quand il m'a hissé sur le bateau, la dernière fois que je l'ai vu. Mais parfois, j'aimerais arriver à oublier, comme E.

M serre E contre elle, l'album étalé sur leurs genoux. Elle lui caresse le bras. Elle lui fredonne un air, une berceuse.

Tous les soirs, je regarde M commenter l'album photo pour E – le seul bruit dans notre cabane – et E s'endormir dans ses bras. Puis je m'endors en souriant.

Le lendemain, on va retrouver R au bus en espérant avoir un petit déjeuner. Mais il n'y en a pas. E est grognon et se plaint. M et moi tentons de le dérider en essayant de toucher notre nez avec notre langue – ce que M est capable de faire ! R ne participe pas. Elle reste silencieuse dans son coin et j'imagine qu'elle pense à la maison de sa tata et au bon petit déjeuner dans la cuisine.

– Ça ne devrait plus tarder que j'y sois, me dit-elle.

Mais je n'en suis pas certain. Ça fait déjà un bon moment qu'elle est au Camp, non ?

Puis, tout s'arrange ! D'abord, R nous accompagne dans le Camp – d'un côté, je me dis que c'est pour chercher de la nourriture avec nous mais, de l'autre, j'espère du fond du cœur que c'est parce qu'elle a envie de faire partie de notre bande – et ensuite, on trouve un trésor inestimable. E le déniche dans une des montagnes de détritus qui poussent un peu partout dans le Camp. Une bouée géante ! Comme celles que les gens emportent à la plage pour barboter dans l'eau au soleil. Je me demande comment elle a atterri ici. Elle est crevée, bien sûr, et couverte de traînées marron. Au début, on se moque de E – enfin, qui va vouloir poser la bouche sur la valve pour essayer de regonfler la bouée ? C'est un coup à attraper toutes les maladies de la terre.

Mais E nous regarde avec des yeux suppliants et R le fait.

– Je suis immunisée, dit-elle avant de poser ses lèvres sur l'embout et de souffler, souffler.

On trouve une petite pente pas très loin et, chacun à son tour, on la descend sur la bouée. On rigole bien. On joue toute la matinée. R est obligée de la regonfler tous les quarts d'heure mais elle s'en fiche.

Puis on monte tous dessus pour essayer de descendre la pente ensemble. C'est alors qu'on repère le garçon V qui nous regarde depuis un bosquet. Il nous prend en photo avec son téléphone pendant qu'on est train de glisser. On lui fait signe et la bouée éclate ! On s'éparpille dans la boue, nos membres emmêlés. C'est génial.

Je suis content parce que, un peu plus tôt, M en avait marre. Elle ne sait pas se bagarrer comme R et, hier, son frère et elle n'ont pas pu approcher de la caisse de chaussures. Tous deux portent des sandales fabriquées à partir de vieux pneus par M. Sandale qui les distribue contre un morceau de pain. Elles ne sont pas terribles. M a les chevilles à vif et E une ampoule au talon. Ni l'un ni l'autre ne se plaint mais je vois bien qu'ils envient les baskets de R. La descente en bouée nous a tous fait oublier ça.

En plus, j'ai trouvé une autre figurine en plastique ! Un policier, cette fois.

Tout à coup, on sent une odeur de cuisine dont on s'empresse de suivre la trace. Celle-ci nous conduit à un petit groupe assis autour d'un feu, en train de surveiller une grande marmite de soupe. Je ne sais combien de temps on reste à les regarder. E va se planter devant une des adultes et se frotte le ventre en prenant son air affamé le plus convaincant. Les gens essayent de le chasser mais, finalement, on a tous droit à un peu de soupe. Cette journée est en train de devenir formidable.

Puis les Gardes arrivent et éteignent le feu sous prétexte qu'il est alimenté avec du plastique et que celui-ci dégage des fumées toxiques, nocives pour la santé. C'est idiot. Avoir faim est nocif pour la santé. De toute façon, disent les Gardes, tout le monde devra bientôt bouger parce que le Camp va être évacué.

R donne des coups de pied dans les cendres pour souiller les jambes des Gardes, ce n'est pas bon pour les baskets. Sauf qu'elles sont – déjà – crottées, par conséquent, ça ne change rien. Mais la bonne humeur de R s'est envolée. Elle est à nouveau grognon et parle toute seule. Ce n'est pourtant pas la fin du monde. Après tout, les Gardes ont attendu qu'on ait fini notre soupe pour éteindre le feu, non ?

Je fais tournicoter le policier en plastique entre mes doigts en écoutant R jurer et j'ai une idée.

– Quelle est ta couleur préférée ? je demande à M.

Elle réfléchit une seconde, puis dit :

– Bleu, comme le ciel.

Puis je pose la même question à E. Il fronce le nez, réfléchit et me dit :

– Bleu comme le ciel.

Je fais non de la tête.

– Pas bleu. Tu dois choisir ta propre couleur, celle qui te tient à cœur.

Il sourit.

– Rouge ! Comme le sang, crie-t-il.

– Tu ne veux pas choisir quelque chose de plus joli ? lui demande M.

– Sang ! insiste-t-il. Sang !

– Tu es sûr ?

E fait comme s'il avait un poignard. M lève les yeux au ciel.

– Bon, d'accord, dis-je. R ?

R regarde E, qui continue de fantasmer sur l'idée de sang. Puis elle se tourne vers moi.

– Noir, dit-elle.

« Noir », me dis-je.

– Comme la nuit, ajoute-t-elle, histoire d'enfoncer le clou. Ou la mort.

Tout le monde est drôlement gai aujourd'hui.

– En fait, dis-je, le noir n'est pas une couleur. Tu dois en choisir une vraie.

– D'accord, dit-elle en me fixant de son regard obstiné. Marron.

– Marron, je répète. Oui, marron boue. Très drôle.

Elle hausse les épaules mais ne dit rien.

– Bleu, rouge et marron, je dis après un petit silence.

Puis j'attends que l'un d'entre eux me demande ma couleur préférée. Personne ne le fait. Alors c'est moi qui le dis :

– Vert. Ma couleur préférée est le vert. Comme l'herbe, les champs, les feuilles.

– La moisissure, marmonne R.

Je la regarde.

– Vert. La couleur de tes yeux, dis-je et je lui souris.

M sourit à R aussi et, du coup, E lui sourit aussi, d'une oreille à l'autre. Les bras croisés, R regarde ses pieds, examine la boue qui macule ses nouvelles baskets en nous ignorant royalement.

Désormais, j'ai dix ans. Dix ans est un âge responsable.

Les figurines du policier, du soldat, du gladiateur et du docteur en poche, je traverse tout le Camp en pataugeant dans la gadoue pour aller au nouveau centre de loisirs en construction.

Ce matin, il a plu. Même si le printemps a lentement laissé place à l'été, il continue de pleuvoir. Les chemins ont l'air d'avoir une vie propre. Dans certains endroits du Camp, on s'enfonce dans la boue jusqu'aux chevilles. Après ça, j'aurai moi aussi besoin d'une nouvelle paire de baskets de la caisse de Charité.

Les jours où il pleut, le Camp devient impraticable. Tout est boueux – la nourriture, la peau, les couvertures, les cheveux. Il y a bien des douches mais l'eau est glacée et le temps de revenir à sa cabane, on est de nouveau crasseux. Si le marron était réellement la couleur préférée de R, alors elle devrait être heureuse comme un cochon qui se roule dans la fange, non ? En fait, je sais à quoi elle pense. Elle pense à du blanc – une baignoire blanche, un peignoir blanc, des mules blanches –, à un nouveau foyer dans le joli village de sa tata. Une baignoire blanche qui brille, du shampooing, du savon, des bulles, une serviette blanche moelleuse.

Pas à du marron. Pas à cette boue marronnasse qui nous cerne.

Armés de marteaux, de clous, de planches de bois et de tôles ondulées, les bénévoles s'activent. Le nouveau centre de loisirs est presque terminé. Il ne lui manque plus qu'un toit, des portes et quelques meubles pour l'intérieur. Plusieurs bénévoles sont en train de peindre les murs.

Je touche un mot de mon projet à Édouard, le responsable. Lui aussi est bénévole et il a les cheveux très longs, presque aussi longs que ceux de Charité. Édouard est sympa. Je lui soumets mes requêtes, en explique la raison et, les trois premières fois, Ed hoche la tête et dit :

– Pas de problème.

Mais à la quatrième, il fronce les sourcils et se gratte la tête pour réfléchir.

– Donne-moi vingt minutes, dit-il. Je vais voir ce que je peux faire. Pendant ce temps-là, tu m'attends ici. Si tu aides les garçons à peindre les murs en mon absence, on dira qu'on est quittes. Marché conclu ?

– Marché conclu, dis-je et on se serre la main pour sceller notre accord.

Je suis content de travailler, de donner un coup de main pour les murs. Le pire dans le fait d'être coincé au Camp, c'est l'ennui. Il n'y a rien à faire à part chercher de la nourriture ou des matériaux à brûler pour avoir chaud. L'hiver, tout ce qui brûle est utilisé pour faire du feu. Il y a une école, mais pas une vraie – ce n'est qu'une tente trouée avec quelques planches de bois et des ardoises pour écrire dessus. Une seule pièce pour douze élèves et comme tous viennent de pays différents, parlent des langues différentes et sont d'âges différents, les leçons ne riment à rien.

J'y suis allé une ou deux fois. J'aurais préféré utiliser ce temps pour chercher de la nourriture, mais les Gardes insistent pour qu'on apprenne à écrire – pas seulement notre nom mais aussi notre histoire, qu'on se rappelle ce qui était consigné dans notre Livre de vie.

– Racontez-nous votre histoire avec des mots que nous comprenons, disent-ils. Parlez-nous dans notre langue.

Peindre les murs du centre de loisirs est un bon boulot et je vois qu'il y a de la peinture bleue, rouge et verte. Les bénévoles et moi finissons de peindre les murs mais, Ed n'étant toujours pas revenu, je sors les figurines en plastique de ma poche. J'en prends une et la fais tremper dans le pot de peinture bleue en la tenant par le brin de laine emprunté à la couverture de Charité. C'est comme si je pêchais.

Quand je ressors la figurine du pot, elle est totalement bleue. Je glisse l'extrémité du bout de laine sous un pot plein qui se trouve sur la table et la figurine bleue pend dans le vide pour sécher. Cette marionnette est destinée à M.

Je recommence la même opération avec la deuxième figurine que je peins en rouge pour E. Puis avec la troisième qui ressort en vert. Les figurines tourbillonnent au bord de la table, leurs couleurs brillent à la lumière du jour qui passe par l'ouverture béante du toit manquant.

Les figurines en plastique ne sont plus un soldat, un docteur et un gladiateur. Habillées de nos couleurs préférées, elles sont désormais M, I et E. Une véritable et authentique famille, ni passée ni future, mais ici et maintenant. D'autant plus quand la marionnette de R viendra s'ajouter aux trois premières, avec sa nouvelle couleur. R et I et M et E.

Assis sur un tapis, je regarde les marionnettes qui pendouillent et sèchent, pendouillent et sèchent. Le garçon qui s'appelle V les prend en photo en passant, comme il le fait toujours. Ed n'est toujours pas revenu. Je commence à me demander si je ne vais pas devoir accéder aux désirs moroses de R quand Ed entre, l'air très content de lui.

– J'ai bien l'impression que c'est ton jour de chance, dit-il en sortant de sa poche le pot de peinture le plus minuscule que j'aie jamais vu de ma vie. J'ai dû solliciter les uns et les autres pour l'obtenir, ajoute-t-il, mais si ça doit rendre le sourire à ta copine, ça vaut le coup.

Je regarde le pot. La dernière figurine a une base plate sous ses pieds qui lui permet de tenir debout et le pot est si petit que je ne suis pas certain qu'elle puisse passer par l'ouverture du couvercle.

Ed devine ma perplexité.

– C'est de la peinture pour maquettes d'avion, explique-t-il. Ne me demande pas comment je l'ai eue. Avec ça aussi.

Il me tend alors un pinceau, plus fin et plus petit qu'un crayon.

– À toi de peindre, dit-il.

Ce que je fais. R prétend que sa couleur préférée est celle de la boue. Ma mère disait qu'il y a de la beauté en toute chose. Quand le soleil brille et qu'on regarde les cratères remplis de gadoue et les flaques qui transforment tout le Camp en marais après des jours de pluie, la boue n'est plus marron. Pas au soleil.

La boue est dorée.

C'est donc en doré que je peins la dernière marionnette.

L'or pour R.

M, I, R, E

Aujourd'hui, la boue n'est pas d'or. Il a plu. Elle est marron et collante. Pendant que M et E farfouillent dans la gadoue en quête de trésors, R vient me trouver.

À ses yeux brillants, je comprends qu'elle a fait des siennes.

Je suis assis dehors, le dos appuyé contre la cabane. R se laisse tomber à côté de moi et la paroi manque de céder sous son poids, mais je ne lui fais pas de réflexion à cause de son petit sourire en coin.

– Quoi de neuf ? je demande.

– Devine ce que j'ai.

Je l'ignore.

– Un bazooka ?

– Non.

– Un singe sur un vélo ?

– Non.

– Un frigo rempli de ballons de foot ?

– Non.

– Des échasses ?

– Non.

– La rage ?

– Non, tu refroidis.

– Bon d'accord, je donne ma langue au chat.

– Non, continue, dit-elle. Essaie encore une fois.

– Je ne sais pas. Une malle au trésor remplie d'éléphants.

– Tu chauffes. Essaie encore une fois.

– Non, j'en ai marre et je suis fatigué. Qu'est-ce que tu veux, R ?

– Devine ce que j'ai.

– TU VAS ME LE DIRE, OUI OU FLÛTE ?

Les yeux écarquillés, les lèvres pincées, comme choquée par mon impolitesse, elle plonge la main dans sa poche pour prendre quelque chose, puis se ravise.

– C'est…, commence-t-elle en se penchant vers moi, un… visa, me murmure-t-elle à l'oreille.

– Quoi ?

Un visa est une malle au trésor. Quand on n'a pas de Livre de vie, c'est ce qui s'en rapproche le plus. C'est un autre moyen de raconter son histoire, à la différence près que celle-ci est paraphée et approuvée par les autorités. « Cette histoire est véridique. » Les visas sont rédigés dans la langue des Gardes et peuvent vous emmener où vous voulez.

J'ai du mal à croire que R ait réussi à se procurer un visa. Si c'est le cas, elle est tirée d'affaire. Elle va se retrouver dans son petit lit chez sa tata avant même qu'on ait le temps de dire ouf.

C'est comme si on fêtait tous vos anniversaires en même temps.

– Je ne te crois pas, lui dis-je.

– C'est vrai, dit-elle en remuant les doigts dans sa poche. Tu veux le voir ?

– Oui.

Elle ressort la main de sa poche et je constate qu'elle dit vrai – R s'est bien procuré quelque chose qui s'appelle visa, mais ce n'est pas le papier officiel, c'est une carte.

Une carte Visa est un bout de plastique avec votre nom et vos numéros dessus. Si les numéros correspondent au nom, ils seront lus par une machine spéciale encastrée dans un mur. Si la machine aime le nom et que les numéros correspondent au nom, elle vous donnera un gros tas de fric. Des tonnes de fric.

Ça me laisse rêveur. « Des tonnes de fric. » Assez pour acheter un nouveau Livre de vie.

Et de la nourriture.

Des jouets.

De nouvelles chaussures.

Une maison.

Mais une carte Visa ne vous donne pas assez de

fric pour vous permettre de sourire sur la photo de votre Livre de vie, même si vos tonnes de fric vous comblent de bonheur. Même riche, il faut toujours se souvenir d'avoir l'air triste sur son Livre de vie. Mais on s'en fiche. Du fric ! Un Livre de vie. La liberté d'entrer dans une nouvelle maison, sûre, amicale et chaleureuse.

D'une certaine manière, les cartes Visa et les visas papier sont la même chose.

Je n'en reviens pas.

– Je l'ai volée à un Garde, me dit R.

Je n'arrive pas à imaginer comment R s'est débrouillée pour y parvenir. En revanche, ce que je sais bien, c'est qu'on ne vole pas les affaires des autres. Si ça ne nous appartient pas, ce n'est pas à nous. Je lui lance un regard appuyé. Elle hausse les épaules.

Je secoue la tête d'un air réprobateur. J'examine la carte Visa.

Il peut y avoir beaucoup d'argent sur cette carte, des milliers et des milliers. Mais je réalise en une seconde que R ne mettra jamais la main dessus. Mon cœur se serre.

– R, dis-je, tu ne peux pas t'en servir. Elle porte le nom du Garde, pas le tien. Personne ne se laissera prendre. C'est un nom d'homme et tu es une fille.

R contemple la carte un long moment.

Puis elle finit par dire :

– Tu es un homme, en me regardant avec des yeux pleins d'espoir.

R me rend triste.

– Je suis un garçon, dis-je. Un petit garçon.

– Zut, dit-elle.

Puis on se tait tous les deux. Si seulement R avait obtenu un vrai visa. Imaginez un peu, une vraie liasse de papiers, rédigée par un adulte responsable, qui raconte son histoire : son nom et les noms de tous les membres de sa famille, l'endroit où elle est née, le métier de ses parents, qui étaient ses frères et sœurs, où elle est allée à l'école et en vacances, où vivaient ses tontons et tatas, leur travail, les pays où R était autorisée à voyager, partout dans le monde entier, signée et datée au bas de l'histoire à côté du nom du rédacteur. Ce serait fantastique.

Si seulement j'en avais un, si seulement on en avait tous un.

Elle regarde le bout de plastique dans sa main.

– Je pourrais la vendre à Ed et, avec l'argent, m'acheter un nouveau Livre de vie.

Je ne prends pas la peine de lui préciser qu'Édouard n'acceptera pas de marchandise volée. Il fait partie de l'équipe de Charité.

– Je te souhaite bonne chance, dis-je, puis je me lève pour rejoindre les autres accroupis dans la boue.

Un peu plus tard, Ed vient donner son cours habituel à E. M a peur que son frère n'apprenne pas à lire et écrire, ne puisse jamais partager son histoire. Édouard a proposé de l'aider.

Ed apprend à E à lire et écrire en traçant des lettres dans la terre à l'aide d'un bâton. Il demande à E d'épeler un mot et, si E se trompe, il prend le bâton et corrige ses fautes. Puis il lui rend le bâton pour que E recopie la bonne orthographe. C'est assez simple.

Je les regarde faire.

– Épelle « école », demande Ed.

E prend le bâton et trace dans la terre les lettres suivantes :

COLLE

– Pas mal, dit Ed.

Il reprend le bâton et écrit la bonne orthographe. E la recopie.

– Parfait. Maintenant, épelle « écrit » comme quand on écrit quelque chose.

E trace les lettres dans la terre.

CRIT

E n'est pas très bon en orthographe.

– Tu t'améliores vraiment, le complimente Ed. Il suffit d'ajouter un *É* – d'accord ?

ÉCRIT

Sur ce, R arrive et se plante à côté de moi. Elle regarde Ed et E d'un air renfrogné.

– Bien, dit Ed. Maintenant essaie « connu ».

E se saisit du bâton.

COMU

– Très bien ! Tu y es presque.

R ricane. Je lui donne un coup de coude dans les côtes. Ce n'est pas parce qu'elle est de mauvaise humeur à cause de la carte Visa inutile qu'elle doit s'en prendre à E.

Ed écrit le mot correctement et rend le bâton à E qui s'en saisit avec autorité pour tracer les lettres.

COMU

À nouveau.

– Tu fais de gros efforts, dit Ed.

– Quoi ! les interrompt R. Pas étonnant que personne ne croie les histoires qu'on raconte. Regardez-nous : incapables, indécrottables et… et…

Elle arrache le bâton des mains de E.

– Voilà ce qu'on est et restera toujours.

Elle gratte la terre avec une telle rage que le bâton se casse. Elle finit d'écrire avec le bout restant serré dans son poing comme un poignard.

Son travail terminé, elle recule puis jette le poignard par terre avant s'éloigner comme une furie.

Ed, E et moi regardons ce qu'elle a écrit.

INCOMU

« Voilà ce qu'on est et restera toujours. »

Je ramasse ce qui reste du bâton et efface les mots jusqu'à ce qu'ils deviennent illisibles.

Le soleil brille et la boue en séchant forme des ornières aux arêtes tranchantes.

J'ai décidé de faire quelque chose. Quelque chose qu'on puisse fêter. Qui compense nos Livres de vie perdus, les mensonges, les ratures de R dans la terre.

Ce matin, j'ai tiré le verrou de la porte de notre cabane et je me suis faufilé dehors avant que M et E se réveillent. Le verrou, c'est pour rire. Notre cabane tient à peine debout grâce à quelques clous plantés dans des panneaux d'aggloméré et des morceaux de bâche. Elle a aussi une fenêtre en plastique ondulé transparent fixée à la paroi par de la colle. Si le grand méchant loup venait à passer et grondait et soufflait, il écraserait notre cabane en un rien de temps.

Je vais trouver de la nourriture pour E. Il n'a rien mangé de solide depuis plusieurs jours. Quelque chose de consistant. J'ai gardé une boîte d'allumettes au cas où.

Je marche vers le Fossé Profond. J'ai pris la précaution de nouer un foulard autour de mon nez et de ma bouche car l'odeur est pestilentielle. Pourtant, ce sont précisément les ordures et la pourriture qui font l'attraction du Fossé Profond. Cela dit, pas pour moi. Ed m'a refilé un tuyau. Un tuyau sur un tuyau. Nous, les gens du Camp, ne sommes pas les seuls à nous déplacer. Les oiseaux voyagent aussi d'un pays à l'autre. Et certains oiseaux de grande taille, qui dépensent beaucoup d'énergie à battre de leurs ailes gigantesques, préfèrent voyager moins et manger plus.

Des oiseaux de grande taille, comme les cigognes. En observant le ciel hier soir, j'en ai vu une. En fait, j'en ai vu deux. Puis trois. Leurs ailes comme des cerfs-volants de papier au-dessus de nos têtes. Je me suis rappelé les histoires que ma mère me racontait sur les cigognes qui livraient les bébés. J'imagine celles que j'ai vues hier déposer un bébé après l'autre au Camp, les laisser tomber de leurs becs géants aux pieds de Charité pour qu'elle s'en occupe.

Mais j'ai dix ans maintenant. J'ai trop de responsabilités pour croire à ces idioties. Les cigognes ne volent pas autour du Camp pour livrer des bébés, mais pour y trouver de la nourriture. Les cigognes se fichent de l'odeur ou de la pourriture. Elles adorent fouiller de leur bec la décharge en quête d'aliments en décomposition ou d'autres choses.

Des oiseaux de grande taille, les cigognes.

J'ai emporté mon couteau, celui dont je me sers pour tailler les branchettes des marionnettes. Et je suis grand maintenant, j'ai beaucoup grandi. Et j'ai faim.

Imaginez la tête de M et E quand je reviendrai à la cabane avec le meilleur petit déjeuner qu'on ait eu depuis des mois.

Et la tête de R quand je lui raconterai l'histoire de ma chasse. Une histoire qu'elle pourra écrire, comme pour un vrai livre que des gens liraient vraiment.

Les cigognes ont de longues pattes pour patauger dans la boue. À force d'arpenter le Camp, je sais ce que ça signifie. Quand on a de la boue jusqu'aux genoux, on ne peut pas s'en extirper d'un bond. Il faut que je me faufile le plus près possible de la cigogne pour arriver à lui sauter dessus.

Par-derrière. Lui enfoncer mon couteau dans le cou jusqu'au cœur.

Aujourd'hui, le Fossé Profond empeste. Chauffé par le soleil, il dégage une odeur nauséabonde. Les gens balancent de la nourriture pourrie, de la pourriture, qui attire les cigognes. Les gens vident leurs toilettes. Jettent les couvertures qui ont brûlé au cours des incendies qui se déclarent dans tout le Camp. Des pansements, des chaises cassées, des gilets de sauvetage, des chaussures usées jusqu'à la corde pour avoir parcouru des kilomètres afin d'arriver jusqu'ici. Des boîtes de burgers apportées par des gens qui veulent nous aider. Malgré mon foulard, l'odeur s'infiltre dans mes narines. Elle est ignoble.

Je repère ma cigogne en train de fouiller dans le pire de la décharge, comme si c'était un trésor. Je tiens mon couteau bien serré dans ma main. La cigogne et moi ne sommes guère différents. On cherche un petit déjeuner dans les ordures. On cherche de la nourriture, n'importe laquelle.

Je me glisse derrière elle, comme prévu. Bien que

protégé par mon foulard, j'ai quand même envie de vomir à cause de l'odeur. Mes pieds s'enfoncent dans les détritus, ce qui ralentit mes mouvements.

Je n'y avais pas pensé, mais la cigogne est bien plus grande, vue de près. Avec son bec dressé, elle me domine de toute sa hauteur. Et, avec ses ailes déployées pour se protéger des vapeurs qui montent de la mer de déchets, son envergure dépasse de loin celle de mes bras, même si je les tendais le plus loin possible, tel un monstre. La cigogne est capable de traverser des océans, de transpercer avec une extrême précision des poissons avec son bec.

Mais j'ai mon couteau.

La cigogne que j'ai en ligne de mire donne des coups de bec dans un truc pris dans la gadoue. Une couche. La cigogne n'est pas difficile. Je m'efforce de ne pas y penser. La chair de la cigogne doit se rapprocher de celle du poulet ou de la dinde. Peut-être. Pendant que j'allumerai le feu sur lequel on la fera cuire, M et E iront chercher R pour lui annoncer la bonne nouvelle. Puis ils s'arrêteront au bus et inviteront Charité à venir manger avec nous. Et, si elle ne peut pas, on lui gardera une aile. Je sens déjà son goût.

Je bondis.

J'entends des détonations. *Clac, clac !* Je me fige. Au Camp, je nous croyais à l'abri, à des kilomètres des soldats.

Puis je perçois des battements très haut dans le ciel. C'est une copine de la cigogne qui claque du bec pour la prévenir du danger. Ce ne sont pas des fusils.

Ma cigogne se tord le cou dans ma direction. Elle me regarde de ses petits yeux vifs, noirs comme des raisins secs. Et, dans le même temps, elle donne des coups de bec comme on le fait avec une épée et je m'affale en arrière dans la boue. Elle ouvre le bec et plonge en avant.

Couic, couic.

La cigogne me picore le visage. Je me dérobe et frappe son bec, mais elle arrache mon foulard puis le recrache avant de s'attaquer à mes doigts. *Couic, couic*, fait son bec, on croirait des cisailles. J'ai le souffle coupé. *Couic, couic* à ma poitrine.

Si ça se trouve, c'est la cigogne qui m'imagine en petit déjeuner.

Je brandis mon couteau. Le bout de la lame cogne contre le bec de l'oiseau en un simulacre de combat à l'épée. L'espace d'un instant, on se mesure l'un à l'autre. On danse ensemble, une danse de clic, de clac et de clang.

Puis la cigogne perd l'équilibre à son tour et bat des ailes furieusement.

Je sens l'air qu'elles déplacent passer sur mon visage.

Mon couteau me tombe des mains.

La cigogne plonge sur moi.

Je bondis à sa rencontre en essayant de l'agripper fébrilement.

– Aaaaaaah ! je hurle.

Elle me répond par des claquements de bec.

Je tombe tête la première dans les immondices.

Je me tourne sur le dos. La silhouette de la cigogne s'envole dans le ciel au-dessus de moi, ses ailes l'entraînant à vive allure à l'abri du danger que j'étais pour elle.

Mon cœur bat à tout rompre dans ma poitrine. *Boum, boum, boum*, comme des bombes dans le lointain.

Je respire. Je respire l'odeur des déchets et de la pourriture.

Et, dans ma main, la plume la plus blanche que j'aie jamais vue.

Je suis marron de la tête aux pieds et je dois enfoncer la main dans les détritus pour récupérer mon couteau. Mais dans mon autre main, la plume est d'un blanc immaculé.

Je pense à E qui va se réveiller affamé alors que je n'aurai rien pour apaiser sa faim. J'ai la plume. E sera triste. M plaisantera, essaiera de le faire rire. Je n'aurai aucune nourriture à leur proposer.

Je m'assois au milieu de la puanteur, je suis

morose. Le soleil s'est levé au-dessus de la colline, se détachant en jaune vif sur le ciel bleu du matin. Je regarde la plume blanche. J'ai à l'oreille l'écho des claquements du bec de la cigogne, comme des détonations.

L'été est partout. Comment se fait-il que je sois pris au piège d'un monde marron ?

Je regarde la plume. Le ciel bleu.

Les clac-clac du bec de l'oiseau résonnent dans ma tête. Je lève les yeux et vois la cigogne voler à tire-d'aile dans le ciel bleu à l'autre bout de l'horizon.

Si on avait des ailes, on volerait vers une contrée lointaine, au lieu d'arpenter notre champ de boue en tous sens.

Sauf qu'on est coincés dans cette boue. On est ici, que les Gardes croient ou non à notre histoire.

J'aperçois une brèche dans la clôture. Je me lève et essuie mon derrière maculé. La plume, je la tiens éloignée de la saleté. Je vois cette brèche et je passe au travers, je m'éloigne du Fossé Profond en pensant à E. À de la nourriture. En espérant. La plume serrée dans ma main, ébloui par le soleil, je marche dans l'herbe aussi loin de notre cabane que j'en ai envie.

Au Camp, on n'est pas réellement enfermés. On est libres d'aller où on veut.

Libres de revenir.

On a beau ne pas être réellement enfermés, on est empêchés de s'aventurer loin. Les Gardes sont là pour s'opposer à ce qu'on monte dans un train, qu'on se fasse prendre en stop par un camion, qu'on se hisse sur un bateau, qu'on emprunte le tunnel qui mène à un endroit où la nourriture est abondante, où on peut s'abriter et avoir chaud.

On est libres de revenir. De continuer à marcher au-delà du Fossé Profond, à l'endroit où le Camp donne sur la campagne et la route du retour. La route pour rentrer chez soi. Mais vers quoi revenir ? Il n'y a plus rien. Nos maisons ont disparu sous les bombes. Nos familles ont été tuées par les soldats. Nos écoles ont été brûlées.

Ou on peut rester ici, dans la boue. On est dans un

monde libre. Sauf que, même ici, personne ne nous aime, parce que la boue est trop proche des maisons, des écoles et des magasins qui appartiennent aux Gardes et à leurs familles. Si les Gardes ont la certitude qu'on n'approchera pas trop près de leurs maisons, écoles et magasins, alors on pourra rester ici, dans nos tentes et nos cabanes en bois.

Pas s'aventurer plus loin.

Si les Gardes nous ignorent assez longtemps, ils finiront peut-être par penser qu'on se fondra purement et simplement dans la gadoue.

Plus je m'éloigne du Camp, plus les couleurs de l'été sont éclatantes. Vert, la couleur que j'ai choisie pour ma marionnette, luisant et clair sur les jeunes feuilles ; coquelicots ; baies rouges, mûres à point pour être cueillies, un festin pour la journée.

« Des baies. »

Je m'approche d'un buisson épineux, examine les fruits en plissant les yeux. Je retire mon T-shirt, en noue le bas et cueille une baie. Je la laisse tomber dans mon T-shirt par le col. Elle atterrit sur le nœud et un souvenir me revient. Un souvenir ancien, qui remonte à l'époque où on avait des rues, des boutiques, des tables et des repas. Une fois, maman nous avait emmenés, mes sœurs et moi, dans un magasin qui vendait une centaine de bonbons différents. On avait pris un sac chacun et choisi un bonbon qu'on avait laissé tomber au fond du sac. Puis un autre et encore un autre.

C'est ce que je fais à présent avec les baies ! J'en ramasse un plein T-shirt. Pour chaque baie qui tombe dans mon sac improvisé, j'en mange une, son jus délicieux coule sur ma langue.

J'ai glissé la plume blanche derrière mon oreille. Le soleil me chauffe la nuque. Je casse une petite branche d'arbre couverte de grandes feuilles d'un vert brillant et l'agite devant mon visage comme un éventail, pour me rafraîchir. Je me sens follement libre.

Je pourrais continuer de marcher en m'éloignant toujours plus du Camp. Je pourrais aller trouver une nouvelle vie. Mais je n'ai pas de famille. Je n'ai même pas de tata dans la maison chaleureuse d'un petit village que je pourrais rejoindre au nez et à la barbe des Gardes. Je n'ai pas d'autre choix que de revenir au Camp.

– Qui veut se régaler ? dis-je en arrivant à notre cabane.

M et E sont étendus par terre, bras et jambes écartés, immobiles et raides.

Un peu plus loin, une autre cabane est en train de brûler. Deux Gardes surveillent l'incendie tandis que l'abri s'écroule avec des craquements.

Mes amis couchés sur le dos. Des mouches leur tournent autour de la figure, mais ils ne bougent pas.

– Coucou ? dis-je.

Je suis sûr qu'ils ne sont pas morts de faim pendant mon absence, si affamés soient-ils. Hein ?

– Hé ! dis-je.

De la fumée traverse les rayons du soleil devant notre cabane.

Ils ne se sont pas empoisonnés. On ne peut pas s'être empoisonné sans avoir d'abord mangé quelque chose. Mais ils ne bougent pas. Ont-ils été attaqués ? C'est aussi improbable que de s'être empoisonné. Qui en voudrait à deux gosses maigrichons ?

J'avance à leur hauteur. Ils ont les yeux fermés, dorment comme des souches.

– Hé ! je répète. Qui veut se régaler ?

– Chut, dit une voix au-dessus de mon oreille.

Je me retourne. R.

– *Grrrrrrr !*

M et E se lèvent d'un bond et se jettent sur moi.

– On jouait à « lions endormis », explique R. Quand le lion bondit, tu as perdu.

– *Grrrrr !*

M tourne autour de moi en faisant semblant de me donner des coups de griffes. E est agrippé à ma jambe et me mord le genou, enfonçant délicatement ses dents dans ma rotule. Ça me chatouille et, à travers mon jean déchiré, je sens sa salive mouillée. J'essaie de me débarrasser de E mais il me serre plus fort.

– Miam, miam, répète-t-il à l'envi.

Il est en train de me sucer jusqu'à la moelle.

– Je suis la reine de la jungle ! déclare R en s'attaquant à mon épaule.

Puis elle aperçoit mon T-shirt.

– Qu'est-ce que tu as là ? demande-t-elle en tentant de me le prendre.

– Doucement ! je crie, mais en souriant.

Elle plonge la main dans le T-shirt et remonte une pleine poignée de rouge. Elle a les yeux écarquillés de plaisir et me sourit d'une oreille à l'autre. Puis elle se tourne vivement vers M et E qui essaient toujours de me mettre à terre.

– Regardez ça, les minous, dit-elle en ouvrant la main. Du sang frais et des boyaux.

En un clin d'œil, leurs doigts plongent dans la récolte de baies. Ça m'est égal. Il y en a plein. On tient là un festin.

– Qui veut jouer ? je demande.

Maintenant qu'on a le ventre plein, le moment est idéal pour sortir ma famille de marionnettes.

J'ai dégoté de nouvelles branchettes que j'ai polies à l'aide de mon couteau. Sur chaque figurine, la peinture a séché magnifiquement. M, E et R sourient de toutes leurs dents en voyant les marionnettes peintes à leurs couleurs préférées.

Je vois bien que R est (pas si) secrètement ravie que j'aie finalement choisi l'or pour sa marionnette et non un marron triste. J'avais peur qu'elle se trouve trop grande pour faire la folle avec des marionnettes. Mais elle me l'arrache pratiquement des mains et oublie presque de dire merci avant d'agiter sa marionnette. On n'est jamais trop vieux pour jouer.

– Je vais mettre un coup de pied au cul de ce Garde, fait-elle dire à sa marionnette. Puis je prendrai un train et j'irai vivre dans une vraie maison. Ensuite, je participerai à une émission de télé-réalité et je serai célèbre.

E prend sa marionnette rouge et oublie de dire merci, puis il précipite son homme rouge à la suite de la figurine dorée de R en disant :

– Je serai ton garde du corps et je te protégerai de tous tes fans. Tu auras toujours besoin de moi à ton côté !

M prend la marionnette bleue et la fait marcher jusqu'à la marionnette verte, la mienne. Elle fait dire à la sienne :

– Tu veux danser ?

On danse à travers des champs de fleurs.

On fait semblant, bien sûr. On est toujours au Camp, sous le crachin et dans la boue. La boue est liquide, elle s'écoule entre les clôtures. C'est nul car, si on regarde à l'extérieur du Camp au-delà de la clôture, l'été est bien là et les feuilles des arbres sont d'un beau vert.

Je cesse de regarder. Près de nous, la marionnette dorée de R brille de mille feux tandis qu'elle s'étourdit de voyage d'agrément en voyage d'agrément, la marionnette rouge toujours dans son sillage, repoussant les chasseurs d'autographes et les fans.

On passe la matinée à inventer des histoires pour nos personnages. Des aventures et des histoires d'amour qu'on n'a pas encore vécues. Mais pas de mensonges, juste de la comédie.

Et c'est au cours de notre spectacle de marionnettes qu'on découvre C.

Au début, C est timide, il nous observe depuis les vestiges d'une cabane calcinée. Il pense qu'on ne le voit pas ; M qui l'a repéré me jette un petit regard accompagné d'un signe de tête. Je me retourne et vois C. Puis c'est au tour de R et E de le voir.

Tandis qu'on continue à jouer, C s'approche à petits pas. Il est couvert de boue de la tête aux pieds. À croire qu'il sort du Fossé Profond dans lequel je me suis roulé en me battant avec la cigogne. J'étais, moi aussi, couvert de boue de la tête aux pieds ainsi que la cigogne. C est un bébé de la boue.

Ses yeux ronds trouent le masque marron et, quand il sourit, l'éclair de ses dents blanches le déchire. Il ressemble à une de nos marionnettes peintes de la tête aux pieds – mais avec de la boue.

Un peu plus tard, il n'est plus qu'à quelques mètres de nous, fasciné par les marionnettes. R, qui l'a observé, tourne sa marionnette dorée vers lui et donne à celle-ci une petite secousse.

– Bonjour, dit-elle de sa voix de marionnette. Quelle belle journée ! Comment t'appelles-tu, petit bonhomme ?

R sourit. C'est la deuxième fois qu'elle sourit dans la même journée. C'est un record pour elle.

Le petit garçon répond :

– C.

– Bonjour, C, dit R de sa propre voix. Tu veux jouer avec nous ?

R, I, M, E

Maintenant, on fait comme si nos marionnettes avaient abusé des baies, qu'elles avaient le ventre plein au point d'avoir du mal à marcher et de s'affaler les unes derrière les autres – ma marionnette verte, la bleue de M, la rouge de E et la dorée de R. J'ai changé le brin de laine de la marionnette de R, qui s'était cassé. Facile, j'en ai toute une réserve. Je ne dis pas à Charité que je ramasse les brins de laine de sa couverture car elle pourrait trouver ça mal élevé.

C n'a pas de marionnette mais, de toute façon, il ne nous a pas dit sa couleur préférée. S'il ne peut pas nous dire sa couleur préférée, comment pourrait-il raconter quelque chose aux Gardes ? Qui il est, où se trouve sa famille, d'où il vient ? C ne parle pas, comment son histoire pourrait-elle un jour être consignée ? Comment pourrait-il transiter d'un port à l'autre ? Il restera ici toute sa vie, jusqu'à ce qu'il devienne un vieux monsieur.

C est assis sur un seau retourné, le menton posé sur ses poings. Mais R, I (moi), M et E tournons nos marionnettes vers lui et les faisons danser.

C nous sourit et agite ses mains au-dessus de ses genoux. Il est sa propre marionnette, sans ficelles. Il soulève un pied du sol. Il soulève un bras replié, le poignet relâché. Il penche la tête de côté comme pour poser une question. E rigole. R rit à gorge déployée. Et M agite sa marionnette devant son visage et demande :

– Tu veux danser ?

Oui, il veut danser. Il soulève l'autre main, l'autre genou et avance en dodelinant.

Soudain, il me rappelle la cigogne – quand elle s'en est prise à ma joue. Mais je chasse cette pensée.

Certes, on n'aura pas eu de cigogne rôtie au petit déjeuner, mais on aura eu des baies – une telle quantité que j'ai même pu en mettre de côté pour plus tard. Quoi qu'il en soit, C n'est pas une cigogne, ce n'est qu'un bout de chou. Il fait semblant de ne pas avoir de force dans les bras, M le tient par un poignet et R par l'autre. Les deux font danser ses bras comme si elles tiraient sur des ficelles.

– La, la, chante C. La, la.

Je le chatouille sous le menton du bout de ma plume blanche et ça le fait rire sans qu'il cesse de chanter.

On danse au soleil qui brille comme le sourire d'une mère.

C joue avec nous pendant tout l'après-midi. Puis il nous suit lorsqu'on part chercher de la nourriture.

– Où est sa mère ? me dit M tandis qu'on traverse une crevasse boueuse particulièrement collante. Où est sa mère ?

Je me tourne vers elle. Je suis sûr qu'elle pense à

sa propre mère. La sienne et celle de E. Où est leur mère ?

J'ai de la gadoue jusqu'aux genoux. R a retiré ses baskets et les tient bien haut pour éviter de les abîmer complètement. Les miennes sont plus proches de la boue que du cuir, alors je m'en fiche. Parfois, porter des sandales comme M et E est préférable lorsqu'on vit dans un monde de boue.

R porte C sur ses épaules.

C tient nos marionnettes, deux dans chaque main, qu'il balance devant le visage de R.

En se demandant où est la mère de C, M se demande si C est un mineur non accompagné. C ne peut pas être un mineur non accompagné. Il n'a pas plus de trois ans. Et le seul mot qu'il semble pouvoir prononcer est « C ». Quelqu'un s'inquiète forcément pour lui.

On va au bus des enfants car, parfois, Charité a des biscuits, si la journée a été bonne et que les visiteurs ont apporté des cadeaux. Il arrive aussi qu'elle nous offre des chips et des boissons gazeuses.

Cette semaine a compté trop de mauvais jours. Par deux fois, on n'a pas mangé de la journée. On a partagé un peu d'eau. Aujourd'hui, on n'a eu que des baies. On espère donc du fond du cœur que Charité aura des chips et des boissons gazeuses.

En chemin pour le bus, C fredonne un petit air au-dessus la tête de R. C'est une chanson sans paroles, ce ne sont que des « la, la, la, la, la, la ». Il fait bouger les marionnettes devant lui, on dirait qu'elles dansent au son de ses « la, la, la ».

R lui a donné son pull car ses habits étaient déchirés et qu'il frissonnait sous le crachin. Le pull est trop grand pour lui et, du coup, il a l'air chaud et douillet. Je crois que C trouve qu'on est une bonne bande à adopter.

Au bus, Charité nous accueille avec un paquet de crackers. Mais il n'y a pas de fromage ni quoi que ce soit d'autre à mettre dessus et, à nous cinq, les crackers durent trente secondes. En manger une pleine poignée me donne encore plus faim.

La nuit, tout un tas de gosses dorment dans le

bus de Charité et ils sont tous là. Elle en a nourri beaucoup, ce qui explique qu'il n'y ait plus rien. En tout, ils sont dix-neuf : K, X, S, A, F, P, G, Y, J, W, N, D, L, B, Q, O, H, T et Z. Ils la tarabustent dans l'espoir qu'elle sorte une tablette de chocolat d'une cachette. Mais il n'y a plus de nourriture et Charité doit les faire déguerpir pour pouvoir nous parler.

C grimpe sur les genoux de Charité.

– Bonjour, mon cœur, dit-elle.

C la regarde d'un air songeur.

– C'est qui ? demande M. Où est sa maman ?

– Il s'appelle C, répond Charité, mais on le sait déjà – elle hausse les épaules. Je ne sais pas qui est sa mère ni où elle est.

– Tu as un Livre de vie ? demande R à C. Des papiers ?

– C, dit C.

C'est une bonne question. Même les bébés sont tenus d'avoir un Livre de vie, y compris ceux qui sont trop petits pour avoir une histoire à raconter. Le Livre de vie rapportera celle de la mère et du père du bébé. Il donnera sa date et son lieu de naissance. Il portera une photo de son visage. Seuls les bébés ont le droit de sourire sur la photo de leur Livre de vie, mais pas d'avoir un jouet.

– Où est ta maman ? demande à nouveau M. Où est ton papa ?

– C, répond C en s'agitant sur les genoux de Charité.

– Il a dormi dans le bus, dit-elle. Je l'ai trouvé en train d'errer tout seul, il y a quelques jours.

– Vous croyez que sa maman est dans le Camp ? je demande. Il s'est peut-être perdu.

– Je me suis renseignée, dit Charité. Discrètement.

– Discrètement ?

Charité chatouille C sur le bout du nez.

– Je ne veux pas le rendre à n'importe qui.

« À n'importe qui. » Au Camp, tout le monde n'est pas aussi gentil que R, I, M et E.

– Le problème, poursuit-elle, c'est que je ne peux pas l'avoir tout le temps à l'œil. Il n'arrête pas de filer.

– La, la, la, la, chante C. La, la, la, la.

Il pose sa tête sur la poitrine de Charité et lui sourit.

E lève les yeux et pose sa tête contre la jambe de Charité.

– La, la, chante-t-il tout bas.

M caresse la tête de E mais elle ne peut détacher ses yeux de C.

– Et les Gardes, demande-t-elle. Ils ne pourraient pas s'occuper de C ?

Charité secoue la tête.

– Pas de passeport, dit-elle, l'air sombre. Pas d'histoire. C n'existe pas. Ce n'est pas leur problème.

– Ce n'est le problème de personne, dit sèchement R. Il n'est qu'un bambin. À peine plus qu'un bébé.

– Il existe, dis-je. Il est ici, maintenant.

Le garçon V surgit de nulle part, à sa manière habituelle. En montant dans le bus, il nous fait un clin d'œil.

Il serre Charité dans ses bras. Elle lui accorde un sourire radieux et lui caresse la nuque.

– Tu as ton téléphone ? lui demande Charité.

– Évidemment, répond V. Tu me prends pour un demeuré ?

E part d'un petit rire.

– Demeuré ! répète-t-il.

M agite les bras devant elle, comme si elle était demeurée. Comme si on l'était tous.

V n'est pas un demeuré, c'est le fils de Charité. Il est vieux, il a presque dix-sept ans. Si V est au Camp, c'est que son école est en vacances, nous explique Charité.

– Je suis en colo, dit V avant de braquer son téléphone sur moi. Je t'ai eu !

Je me demande pour quelle raison il veut avoir ma photo. Je dois avoir une de ces têtes.

V n'est pas son véritable nom non plus. Il se fait appeler V pour s'intégrer, être pareil que nous, et non un simple visiteur.

Cela dit, c'est un visiteur, non ? Charité croise le regard de son fils, puis se tourne vers C.

– Coucou, C ! dit V.

C lève les yeux vers V, qui tapote l'écran de son téléphone.

– Joliii ! dit-il. C'est qui la star ?

Je ne sais pas si C comprend un traître mot de ce que dit V mais il avance vers lui à petits pas hésitants et regarde l'écran. Il se voit. Il sourit.

– C !

Charité et V échangent un signe de tête, comme s'ils s'étaient mis d'accord sur quelque chose.

– J'ai des trucs à faire, des endroits à voir, dit V puis il embrasse sa mère et s'en va.

– Les gosses ! dit Charité en levant les yeux au ciel.

J'essaie de me rappeler la dernière fois que ma mère m'a embrassé. C'est difficile.

– J'ai faim, dit E.

– Tu es barbant, dit R.

Vous voyez ? E a toujours faim. C'est l'histoire de sa vie et ça ne changera jamais.

– Tu es moche, lui rétorque E.

– Tu es plus petit que moi, dit R en faisant craquer ses jointures.

– Inutile de vous disputer, dit Charité. Allez jusqu'au coin sud-est du Camp, juste après les douches démolies. Il paraît qu'il y a un rassemblement autour d'une popote. Vous aurez peut-être de la chance.

– Et C ? demande R.

– Il a faim, lui aussi, répond Charité. Mais ramenez-le avant la nuit. Je le veux de retour au bus sain et sauf.

Nous voilà partis, M et R balançant C entre elles, quand je réalise que Charité doit avoir faim, elle aussi. Elle n'a même pas mangé de crackers.

Mais je sais ce qu'elle dirait. Ce qu'elle dit toujours.

– Ne t'inquiète pas pour moi. J'ai une maison. Je peux y retourner quand je veux.

Charité a un Livre de vie. Personne ne l'accuse de raconter des mensonges.

Le temps qu'on arrive à la popote, il ne reste plus rien. Tout le monde parle des Gardes qui menacent de fermer une partie du Camp. Les gens remarquent à peine notre présence. Pourtant, un homme donne un yaourt à C.

E observe la scène en s'efforçant de se contenir. Il sait que s'il avait été le plus jeune, c'est lui qui aurait eu le yaourt. Mais il n'est plus le plus jeune. Il obtient de lécher le couvercle et de racler l'intérieur avec son doigt. Il se tourne vers M parce qu'elle n'a même pas pu lécher le couvercle, or elle est sa sœur.

– Tout va bien, lui dit-elle. Je trouverai quelque chose plus tard.

R et moi ne disons rien. C'est une règle tacite : la moindre nourriture va au plus jeune. Pas de « si » ni de « mais ».

C s'accroche à la jambe de R.

Je lève les yeux vers le ciel, vers cette immense étendue de bleu. Tout l'espace du monde. Mais, aujourd'hui, pas de cigognes.

– Il faut qu'on se tire d'ici, dit M.

– Hé, V ! crie R.

Assis sous un arbre, V est concentré sur son téléphone. Il nous a – encore – pris en photo. Il relève la tête en entendant R l'appeler.

– Montre-nous ton Livre de vie, dit R.

Je suis choqué par son impolitesse.

V nous regarde d'un air sceptique.

– Pourquoi ? demande-t-il.

Au Camp, les Livres de vie sont plus précieux que la poussière d'or.

R hausse les épaules.

– Je voulais juste le voir, dit-elle. Je me demandais, ta mère t'a vraiment appelé l'Enfant V ? Parce que, si c'est le cas, c'est cruel, non ?

Ma mâchoire manque de se décrocher. R est d'une grossièreté !

Mais V nous sourit.

– Si tu savais comment elle m'a appelé, tu comprendrais vraiment qu'elle est cruelle. Comme aucun d'entre vous n'a le droit d'utiliser son nom, il était normal que je fasse pareil.

– Solidarité, dit R d'un ton sarcastique.

– Ce n'est pas la faute de V si on est coincés dans ce Camp, je chuchote.

– Alors qu'il a le droit d'aller et venir à sa guise ?

– Oui, dis-je. Je te signale qu'il est là, non ? Alors qu'il pourrait se marrer chez lui avec ses copains.

Pourtant, je me demande si la vraie raison de la présence de V ici n'est pas tout simplement l'envie d'être auprès de sa mère. Qui lui en voudrait ? V est un mineur accompagné. Si ma mère était au Camp, je ne la quitterais pas d'une semelle.

Une expression grave passe sur le visage de V. Il se lève et s'avance vers nous.

– Vincent, dit-il. L'Enfant V est le diminutif de Vincent. Pas le prénom le plus original de la terre, non ?

R et moi ne savons quoi répondre.

– N'empêche, poursuit V, c'est drôle, non ?

– Drôle ? je demande.

– Vincent, répète-t-il. Vous ne pigez pas ? *Vingt. Cent.* Vincent !

Il rit tout seul comme si c'était la blague du siècle. R et moi échangeons un regard perplexe.

– Dans ce cas, Vincent, dit R, tu pourrais peut-être nous indiquer un endroit où on trouverait de la nourriture par vingt et par cent.

R est la fille la plus mal élevée de tout le camp.

De retour à la cabane, on retrouve Ed et E. Je me demande si Ed tente une fois de plus d'apprendre l'orthographe à E. Je parie qu'il a peur que R massacre à nouveau son cours.

Mais Ed n'est pas en train de donner une leçon à E. Il est tout sourire. C'est lui qui essaie d'apprendre quelque chose de E.

– Tu es un de mes meilleurs élèves, dit-il à E.

E sourit à Ed.

– Alors, dis-moi, E, commence-t-il d'une voix toute douce. Comment tu t'appelles, à part E, évidemment. Quel était ton prénom avant d'arriver au Camp ? Je parie qu'il est génial. Qu'il est bien mieux qu'un prénom idiot comme Édouard. Tu me le dis ?

E fronce les sourcils, comme s'il réfléchissait. Il regarde ses pieds. Comme pour se rappeler.

– Alors ? dit Ed.

Mais E continue de fixer le sol.

– C'était Ejaz ? demande Ed. Ou Elyas ?

Ed n'est pas sans savoir que E n'a pas de papiers ni de Livre de vie, rien de rien. Ça fait des lustres qu'il tente d'obtenir le prénom de E.

– Ezatullah ?

Voyant qu'il ne répond toujours pas, Ed lui fait un clin d'œil et propose :

– Elvis ?

M et C se sont approchés.

E regarde Ed et prend la main de C.

– Il connaît son prénom, explique M à Ed, d'un ton navré. Dis-lui, demande-t-elle à E.

– E, répond E.

– C, dit C.

E montre quelque chose à C et tous deux s'éloignent à petits pas.

– Je suis désolée, dit M à Ed.

– Pas de problème, répond-il. Il est parfois préférable de laisser le passé dans le passé.

« Pas quand le présent ressemble à ça », je songe, mais je ne dis rien. Les Gardes veulent qu'on leur raconte notre histoire dans leur langue, sauf que nos noms sont nos noms, quelle que soit la langue qu'on parle ou qu'on écrive.

Il se peut que E se rappelle son nom d'avant. Qu'il se rappelle en détail ce qui lui est arrivé. Peut-être vaut-il mieux l'oublier. Ne pas laisser le passé revenir. Désormais, il est l'Enfant E.

Il n'a plus de prénom propre. Aucun d'entre nous n'en a.

Je suis fatigué. Je vais aller faire la sieste sous un arbre.

Parfois, je m'endors en ayant faim, et parfois, en ayant moins faim. Mais la plupart du temps, j'ai faim.

Alors, quand je dors, je rêve que je suis rassasié. Je rêve de gâteau au chocolat, de pain tout juste sorti du four, d'olives, de citrons, d'oranges, de poulets rôtis, de repas et de pique-niques, entouré de ma mère, de mon père, de mes sœurs, de mes frères, de mes tatas et de mes oncles, où on rit, on plaisante, repus.

Aujourd'hui, tandis que je somnole sous mon arbre, après m'être gavé de baies, je rêve de Livres de vie. Je rêve de M, E, R, C et I et des mots dont nous avons besoin pour nous libérer.

Et je rêve de la cigogne, de moi beaucoup plus jeune, de moi tout bébé. Dans mon rêve, je suis couché dans une corbeille suspendue au bec de la cigogne par un ruban. La cigogne bat des ailes sans bruit, elle vole haut dans le ciel, loin des détonations inquiétantes des fusils, par-delà les barbelés, vers un nouveau pays, une nouvelle maison, une famille, des amis, du plaisir, vers la vie.

À l'intérieur de la corbeille, entre mes mains de bébé toutes fripées, je tiens la plume blanche prise à la cigogne. Et de mes doigts de bébé, je polis la plume jusqu'à ce qu'elle ressemble à un stylo. Je brandis la plume-stylo contre la blancheur du ciel, contre les nuages joufflus, et je commence à écrire.

Mon nom.

Je suis réveillé par les cris des hommes du Camp qui se disputent avec les Gardes.

Les Gardes repoussent les hommes et menacent de les frapper de leur matraque. Les hommes hurlent contre les Gardes, ils pointent le doigt sur eux, fendent l'air avec colère. C'est comme ça tous les jours. Chaque jour, la colère des gens augmente. Chaque jour, quelqu'un est frappé par les Gardes et doit être évacué avec l'aide de ses semblables, la tête en sang.

Aujourd'hui, les Gardes sont plus nombreux, la foule plus compacte, les cris plus forts.

Mon rêve a été interrompu, mais je ne l'oublie pas.

La foule est en colère parce qu'un bulldozer est en train d'avancer sur le chemin avec des grondements de dragon. Ses roues projettent de la boue sur la lessive que les gens ont mise à sécher au soleil. Son gigantesque godet racle contre l'extérieur des cabanes qui s'affaissent de guingois. Il s'attaque aux chaises en bois qu'il détruit en mille morceaux. La foule court derrière le bulldozer en hurlant et en brandissant le poing.

Tandis que la machine poursuit sa route à travers le Camp, je repense à mon rêve, à mon nom que j'écrivais avec la plume arrachée à la cigogne. Je me rappelle la réserve de baies que j'ai mise de côté pour les fois où la faim reviendrait me trouver. Je prends la branche feuillue que j'ai jetée par terre devant la porte de notre cabane.

J'entre pour prendre la boîte où je garde mes affaires et sors la poignée de brins de laine de Charité que je conserve précieusement dans un sac de riz vide.

Dehors, le bulldozer qui malaxe la boue fait remonter une odeur de vieilles crottes et de pourriture qui s'infiltre dans notre cabane. Je sors en m'éventant avec ma branche dans l'espoir de me débarrasser de la puanteur. Je file en direction de l'endroit tranquille à la lisière du Camp. Je sais quoi faire.

Il faut pour cette tâche une main sûre et un œil aiguisé, or j'ai les deux. J'ai peint les marionnettes. Et je faisais des dessins que ma mère collait sur la porte du frigo, à l'époque où…

Je détache avec soin la plus grande des feuilles de ma branche.

Je choisis la plus grosse baie de ma réserve, la plus juteuse.

Je perce la baie à l'aide de la pointe de la plume. Du jus rouge gicle dans mon œil. Je trempe à nouveau la pointe et la tourne. Puis je la retire de la baie, du jus coule sur mon genou. Sans attendre, je pose la pointe de la plume sur la feuille où elle fait un gros pâté que j'étale en grattant. Maintenant, la pointe de la plume est sèche.

Une fois, à l'école, on a vu un film sur des élèves de l'Antiquité. Des acteurs, sans doute. Écrire à la plume semblait drôlement plus facile quand c'était l'acteur qui le faisait, il y a un millier d'années.

Aucun des enfants du Camp ne fête son anniversaire. Aucun d'entre nous ne reçoit de carte. Aucun n'a de Livre de vie.

Je vais me servir de la plume, du jus des baies et des feuilles pour nous constituer des Livres de vie.

Quand je rentre en quatrième vitesse au Camp, j'ai à nouveau faim et soif. Derrière moi, les chants d'oiseaux me semblent moins joyeux à mesure que j'approche de cet endroit que je ne peux appeler maison et qui résonne de bruits hostiles.

Aujourd'hui, l'air est saturé de fumée, de l'odeur du caoutchouc qui brûle.

Alors, je fais un effort. Je m'oblige à me rappeler. Je me remplis l'esprit des jeux de lettres auxquels on jouait par le passé.

J'aperçois mes amis, R, M, E et C. Ils sont en compagnie du fils de Charité, V, du centre d'accueil des enfants. Tous se tiennent par la main et dansent en rond.

– La, la, chante C. La, La.

E agite son derrière. M lève et baisse la tête, lève et baisse la tête, à l'image d'un drôle d'animal. Même R chante « la, la, la, la ». De près, je me rends compte que tous chantent la chanson de C. Mais ils la chantent en décalé et sur différentes tonalités. V n'est pas en reste, il chante aussi faux que le reste de la ronde. Pour être franc, c'est une vraie cacophonie. Mais elle a le mérite de noyer les bruits de colère qui montent du Camp. Toute la petite bande sourit.

V croise mon regard au moment où je m'avance vers eux en dansant. J'apporte de bonnes nouvelles. De nouveaux jeux. Je fais un signe de tête à V.

– Salut, lui dis-je. Qu'est-ce qui se passe ?

– On joue au jeu « la, la » de C, me répond V en quittant la ronde. Et toi ?

J'ai un petit sourire en coin.

– J'allais demander qui voulait jouer, mais tout le monde joue déjà.

– C'est quoi ?

– Un arbre-jeu, dis-je. De l'autre côté du Fossé Profond.

– Dans la prairie ?

– Oui, de ce côté, dis-je en montrant du doigt.

Il me sourit d'une oreille à l'autre.

– La, la, la ! C'est justement à la prairie qu'on s'apprêtait à emmener notre danse.

Il braque son téléphone sur les autres et les prend en photo.

– Venez, les enfants, crie-t-il.

– Une seconde ! je hurle. Tout le monde doit prendre sa marionnette.

La marionnette bleue de M, la rouge de E, la dorée de R et ma verte dansent dans les hautes herbes. V et C dansent ensemble, V faisant semblant de tirer sur les ficelles de C. C est sa propre marionnette.

L'air déborde de pollen, de fleurs de pissenlit, de pucerons et d'abeilles qui exécutent leur propre danse au chant des alouettes, des mésanges et des moineaux voletant de haies en buissons et de buissons en arbres.

J'aperçois mon Arbre-jeu au bas de la prairie et entraîne les danseurs à son pied. Tout à son plaisir, personne ne remarque mon arbre. Il faut que R ait le nez dessus pour qu'elle cesse de chanter, de danser. Elle me regarde avec un grand sourire. Ses joues s'empourprent, elle part d'un grand rire.

Tout le monde s'arrête.

Devant nos yeux, une longue branche s'étire au soleil qui baigne la prairie. La branche ploie sous les feuilles vertes.

Mais mon arbre porte d'autres sortes de feuilles qui ne sont pas le fruit de bourgeons, mais pendent, pivotent sur elles-mêmes au bout de brins de laine, se balancent au gré du vent. Des feuilles vertes marquées d'une lettre rouge.

Une feuille pour M.

Une autre pour E.

Une autre pour R.

Une autre pour C

Et une dernière pour I, moi.

La danse des marionnettes se fige. Tout le monde lève les yeux sur sa feuille, qui danse de son côté, agitée par la brise au bout de la branche.

– Je vais faire des feuilles pour tous les enfants, dis-je.

Les feuilles bruissent en se frottant les unes aux autres.

– Un Livre de vie, dit E.

– Un Livre de vie, renchérit R.

– Elles sont ravissantes, dit M.

– J'ai pensé qu'on pourrait s'en servir pour des jeux, dis-je. Comme avec un paquet de cartes. J'ai pensé à « devinez le mot » ou à « la lettre manquante », euh… ce genre de jeux. Ça nous aiderait peut-être à faire moins de fautes.

Soudain, je ne sais plus où me mettre. Je regarde mes pieds. C'est peut-être une idée stupide. Après tout, ce ne sont que des feuilles. Elles finiront par pourrir ou la pluie les fera tomber.

– C'est une idée géniale, dit M.

– Qui veut jouer ? ajoute R.

C, I, R, E.

Pour faire briller les meubles.

E, M, I, R.

– Hein ? demande E.

– C’est un noble, explique M. Une sorte de prince.

C, R, I.

– Pour se faire entendre, dit R.

R, I, C, E, M.

– Ce n’est pas un mot, dit M.

– Si, insiste E.

Tous les regards se tournent vers lui.

– *Ricem* est la sensation qu'on a dans la bouche quand on ouvre un paquet de chips.

– Tu es sûr ? demande M.

– Oui, ment E.

Pendant que les autres jouaient avec les lettres, je regardais les différentes sortes de feuilles qui poussent sur les arbres en me faisant la réflexion qu'une feuille ressemblait à un cœur qu'on aurait tourné et retourné, tourné et retourné pendant très longtemps. Un cœur en lambeaux : ♥. J'étais heureux. J'avais l'impression d'être chez moi.

C reprend sa chanson de sa petite voix :

– La, la, la, la.

« Regardez-nous, me dis-je, qui rions et jouons, une famille d'amis soudée. »

Que la vie peut être parfaite !

C'est alors que j'entends les clac-clac des fusils qui résonnent dans le Camp jusqu'au bas de la prairie. Je lève la tête et vois de la fumée. Ce ne sont pas les cigognes, mais des fusils, des vrais. J'entends de nouveau les clac-clac menaçants.

Les cris. Et un son qu'on n'a pas entendu au Camp, un son qu'aucun d'entre nous n'a entendu depuis le jour où on a dû prendre ce qui pouvait tenir dans nos mains et fuir nos maisons : des hurlements.

– C, dit C.

On se lève d'un bond, éparpillant les baies dans l'herbe.

V s'empresse de prendre C dans ses bras.

– C ! dit C en tendant les mains vers les fruits tombés au sol. C ! C !

Mais les détonations, les hurlements et les cris sont beaucoup trop forts.

Tous ensemble, on rentre au Camp ventre à terre.

C, R, I, M, E

Des panaches de fumée s'élèvent au-dessus de la colline, comme si, partout dans le Camp, des gens faisaient la popote.

En repassant par la brèche dans la clôture, la première chose qu'on voit, ce sont les bulldozers. Le moteur rugissant, les dents acérées de leur godet griffant l'air. La fumée est partout. La boue est retournée et projetée ailleurs. Il y en a partout. Partout. Je commence à tousser, à étouffer.

R est partie en éclaireuse, elle est plus rapide que nous. Elle se retourne pour nous regarder et je vois qu'elle pleure. J'ai vu R ne pas manger pendant trois jours sans pleurer. Elle n'a pas pleuré quand le Garde lui a volé ses chaussures. Elle n'a pas pleuré quand un autre Garde lui a pris son téléphone et l'a écrasé sous sa botte pour qu'elle ne puisse plus appeler sa tata. Elle n'a pas pleuré non plus quand le chauffeur de camion, qui l'a découverte cachée au fond de son poids lourd, l'a jetée sur le bas-côté et qu'elle s'est éraflé le bras de l'épaule jusqu'au coude. Mais, là, elle pleure.

Moi aussi, j'ai les yeux qui commencent à piquer et à larmoyer.

– Les gaz lacrymogènes, dit V qui prend une photo de la scène en même temps – il me pousse sur le côté et attrape C fermement par le bras. Par là !

À travers les nuages de gaz lacrymogène, je discerne certaines familles du Camp. Des mères qui courent avec leurs enfants en s'efforçant de leur protéger le visage. Je vois des Gardes hurler, des hommes jeter des pierres.

M trébuche dans la boue, je la rattrape par le bras et l'aide à se relever.

– Qu'est-ce qui se passe ? je demande. Qu'est-ce qui se passe ?

– Ça ne devait pas arriver avant la semaine prochaine, crie R au moment où on la rejoint. Ils avaient dit qu'on ne craignait rien pour l'instant.

Une barricade en feu nous bloque le passage. Elle est tenue par des voisins. Je reconnais l'homme qui a donné le yaourt à C à la popote et aussi M. Sandale. Les hommes nous font passer en vitesse par un petit dégagement sur le côté de la barricade, C dans les bras de V. R à son tour prend E dans ses bras alors qu'elle ne doit pas voir grand-chose avec ses larmes.

– Ils ont menti, dit-elle. Pour nous prendre par surprise. Comme la dernière fois.

– La dernière fois ? je demande.

Elle me regarde comme si j'étais stupide.

La dernière fois avant le Camp. Quand les soldats sont venus. L'armée. Les Gardes.

E serré contre elle, comme s'il était son propre frère, R court dans la gadoue.

– Allez ! crie-t-elle.

Derrière nous, les bulldozers grondent et grognent.

La barricade ne tient pas plus de trente secondes. Sur le chemin de terre d'où on la regarde, de la poussière, de la saleté flottent autour de nous. Certains des hommes ont ramassé des pierres et les jettent sur les bulldozers. Ils sont chargés par les Gardes et terrassés à coups de matraque.

– Et notre maison ? s'inquiète M.

La cabane ? On ne peut pas appeler ça une maison. Mais c'est tout ce qu'on a. Je me laisse tomber dans la gadoue. Est-ce important ? J'ai quoi au juste ? Aucun d'entre nous n'a même un Livre de vie. J'ai une photo de ma mère, mon père, mes frères et mes sœurs, mais elle est dans ma poche où je la garde toujours.

Mais M et E ont leur album de famille, plein de photos.

– Notre album, dit M.

Leur album est dans la cabane.

– Allez, viens ! crie-t-elle.

Comme si j'allais la laisser y aller toute seule.

On laisse E dans les bras de R, hors de danger sur le chemin principal. Je déteste le quitter et je déteste me jeter tête la première dans les destructions et les bagarres, mais je n'ai pas le choix. M me devance déjà. Il faut qu'on essaye de sauver notre cabane.

On contourne les Gardes qui encerclent les gens. Au cœur du Camp, si quelqu'un reste immobile trop longtemps, les Gardes débarquent avec leurs matraques et le poussent vers un endroit où, parqué avec d'autres, il est sous haute surveillance. Personne ne peut s'échapper. Ceux qui tentent de s'enfuir sont aspergés de gaz lacrymogène. Certains pleurent, d'autres crient de colère ou restent silencieux et tristes.

On continue d'avancer.

Un groupe d'hommes a dressé une autre barricade en entassant les vestiges des cabanes détruites et y a mis le feu. Ils sont armés de bâtons et de pierres qu'ils jettent sur les Gardes.

Un énorme camion en fer avec un bazooka sur le toit surgit dans un grondement. Un Garde tourne le bazooka en direction de la barricade. Un jet d'eau puissant sort du canon. Les hommes sont fauchés. Le bazooka à eau crache sur la barricade en feu, anéantit les flammes et les hommes.

Les Gardes sont plus nombreux que d'habitude. Ils viennent de l'extérieur du Camp et portent des casques à visière, de grosses bottes et des boucliers en plastique. Ils frappent les hommes avec leurs boucliers, leurs entaillent la tête, les assomment et les évacuent.

M et moi toussons et crachons. On voit mal à travers la fumée et le gaz. Difficile de savoir si ce qui monte des cabanes et des barricades en feu est du gaz lacrymogène ou de la fumée. Difficile de savoir dans quelle direction courir. On continue d'avancer.

La boue adhère à nos chevilles, nous tire en arrière pour nous faire tomber. Derrière les hurlements, le crépitement du feu, le bruit sourd des pierres qui tombent, j'entends les clac-clac menaçants de la cigogne.

Soudain, la fumée se dégage et, devant nous, se dresse un Garde en tenue de combat, un fusil entre les mains braqué sur nous.

C'est comme à la maison. Quand les soldats ont bombardé nos maisons et tué nos voisins. C'est exactement comme à la maison.

Sans attendre, M me pousse dans une montagne de détritus où je tombe sur le côté. Puis elle plonge sur moi. Je sens un souffle d'air frôler mes oreilles et j'entends le tac-tac-tac des balles qui mitraillent les déchets.

Le visage de M est collé au mien. Elle me regarde dans les yeux.

– Tout va bien, dit-elle. Ce sont des balles en caoutchouc. Que des balles en caoutchouc. Elles ne nous tueront pas.

Que des balles en caoutchouc. D'accord.

On commence à s'enfoncer dans l'amas

d'immondices. On creuse un tunnel dans les vêtements sales, les tentes abandonnées, les sacs de couchage en cendres et les vieux os. Dans les rouleaux de bâche, les boîtes de pizza, les briques à l'odeur aigre, les poêles moisies et les milliers d'éclats de verre. Les restes des abris temporaires construits par les gens. On s'enfonce sous l'amas d'ordures, comme des animaux qui se terrent.

Boum, boum, boum, font les bombes à l'intérieur de mon cœur. Je me force à respirer calmement, à prendre de longues et lentes inspirations, à me détendre. « Ne panique pas. » Je me persuade que c'est juste un nouveau jeu. Un jeu de *cache-cache.*

Sans lumière, on progresse péniblement à l'intérieur de la montagne de saletés, nous frayant un passage qui s'enfonce toujours davantage dans des trucs tellement pourris que même des gens comme nous s'en débarrassent.

Sauf que plus on s'enfonce, plus on s'éloigne de la portée des balles.

M s'arrête et je me faufile à côté d'elle. J'entends sa respiration hachée, paniquée. Les Gardes vont nous entendre ! Je pose un doigt sur ses lèvres et m'efforce de ralentir ma propre respiration. Rester immobile. Rester silencieux.

Je compte dans ma tête pour me calmer. « Un… deux… trois… quatre… »

Mais je la sens trembler contre moi. Moi aussi, je tremble. Les ordures en remuant font du bruit avant de se stabiliser autour de nous.

« … vingt-trois… vingt-quatre… vingt-cinq… vingt-six… »

Et un grognement sourd.

Les ordures nous collent à la peau, me piquent le dos, me tordent la tête, la jambe.

« … soixante et un… soixante-deux… »

M manque d'air. Le grognement sourd se meut en un rugissement assourdissant, à croire qu'un monstre est à nos trousses. Le bulldozer est après nous, il prend les ordures dans ses mâchoires en fer.

Les boum-boum-boum de mon cœur noient le bruit assourdissant du bulldozer et, dans ma tête, je continue d'égrener des nombres apaisants.

« … quatre-vingt-dix-huit… quatre-vingt-dix-neuf… cent. Prêt ou pas, j'arrive ! »

Je me rapproche de M, on se serre dans les bras l'un de l'autre pour se rendre le plus minuscule possible. Je ferme les yeux en m'efforçant de repousser les rugissements du bulldozer.

« Qui veut jouer ? je me répète en boucle. Qui veut jouer ? »

On reste ensevelis sous la montagne de détritus des heures durant, collés l'un à l'autre.

Finalement, tout se fige et devient silencieux. Je remue mes orteils, mes doigts. Je palpe le crâne de M, il est entier, rond, intact. On respire. On laisse échapper un petit rire sans joie. On dégage de l'espace autour de nous. Est-ce prudent de nous montrer ? Je n'ai pas envie d'être tué.

Le bulldozer nous a dépassés, il a continué sa

route jusqu'au bout du Camp en écrasant tout sur son passage.

On s'extirpe du tas d'ordures, éblouis par la lumière du jour.

Tout a été aplati. Aplati ou brûlé. De rares personnes errent en état de choc. Des Gardes hurlent des ordres à des gens et donnent des coups de pied dans les débris qui traînent dans la boue.

M et moi nous tenons par la main pour retrouver notre chemin à travers la fumée.

– C'est par là, dit-elle, mais comment saurait-elle, tous nos repères dans le Camp ont disparu.

Les douches n'existent plus, l'école a été démolie, la plupart des tentes et des cabanes ont été rasées. Les bulldozers et les tracteurs sont en train d'écrabouiller les dernières, de finir le boulot, de nettoyer.

– Ici, dit M au bout d'un moment.

Il n'y a rien ici. Comment peut-elle être si sûre ?

Mais j'aperçois la plaque de plastique ondulé qui nous servait de fenêtre, aplatie par terre, libérée de son cadre. Incrusté dans la boue, le verrou de la porte, toujours poussé, toujours fixé à son bout de bois, celui-ci détruit, arraché des panneaux d'aggloméré et de plastique qui constituaient notre porte. Je vois le cageot retourné qui nous servait de table, aplati, mais toutes nos affaires – quelques assiettes, une serviette de toilette, un pichet en verre, un éclat de miroir, un jeu de l'échelle – disparues.

À côté de moi, à genoux, M retire une photo de la boue, une photo de son album. On y voit M plus jeune, à l'âge de E, entourée sans doute de ses parents et d'un E encore bébé, tous sourient. M, E et leurs parents, une famille. On cherche partout mais on ne retrouve pas d'autres photos.

On repart en direction du centre d'accueil des femmes et des enfants, de notre bus, en quête de E et des autres. On passe devant le centre de loisirs, un carré de terre nue a remplacé les murs qui venaient d'être peints et attendaient un toit.

Des femmes fouillent déjà les décombres qui

s'empilent en bordure du chemin. Elles retirent des bouts de tissu, des câbles, des morceaux de bois, une casserole bosselée. Elles vont recommencer. Elles nous font signe. M leur demande si elles ont vu E, elles haussent les épaules. Elles ne connaissent pas E.

Un peu plus loin, aidé de bénévoles, Ed a installé un stand en palettes posées sur des pierres. Ils ont mis un écriteau sur lequel est écrit : « Pain gratuit ».

Faisant des moulinets avec sa matraque, un Garde fait signe à Ed de déguerpir. Il lui tient tête, une dispute éclate entre les deux. Ed sort son téléphone et parle à quelqu'un, puis il le brandit devant le Garde, comme s'il l'invitait à parler. Mais le Garde refuse et s'éloigne rapidement. Le Garde a perdu la partie. Ed remet son téléphone dans sa poche en marmonnant dans sa barbe.

Il nous offre un bout de pain. On le mange en mesurant l'étendue des destructions qui nous entourent.

– Qu'est-ce qui s'est passé ? je demande.

Ed garde les yeux baissés.

– Ils avaient dit qu'ils ne le feraient pas avant la semaine prochaine – j'ai l'impression qu'il pourrait cracher. Ils ont dit qu'ils n'useraient pas de la force.

– Quoi ? je m'étonne, mais Ed est trop en colère pour parler.

– Délocalisation, dit M. J'en ai entendu parler près des feux.

Ed relève la tête.

– Pour votre bien, dit-il.

Je ris malgré moi. L'heure n'est pas aux plaisanteries.

– Le Camp était un danger pour la santé, une menace pour la vie, dit-il. Les Gardes prétendent qu'ils ont une responsabilité vis-à-vis de votre bien-être.

– Alors, ils ont démoli notre cabane ?

– Pour votre bien, répète Ed.

– Mais, dit M, où va-t-on vivre, maintenant ?

Ed se détourne. Sa bouche se tord. Il lève le bras et indique le sommet de la colline.

Mais tout ce que je vois, ce sont les grandes boîtes en fer.

Aujourd'hui, elles n'ont jamais été aussi nombreuses. De longues boîtes rectangulaires pour transporter des marchandises. Au sommet de la colline, je vois des rangées de boîtes, l'une derrière l'autre et, quand l'espace vient à manquer, empilées les unes sur les autres.

Je me rappelle encore. Je me rappelle le matin où les avions ont survolé notre village et lâché leurs bombes. *Boum, boum, boum.* Sur notre école. Et après ça, quand les villageois ont fouillé les décombres, les rues où ne s'entendaient que des sanglots. Il y avait tant de cercueils. Disposés les uns à côté des autres. De longues boîtes rectangulaires, comme celles que je vois, avec des corps à l'intérieur.

Il faut qu'on retrouve Charité. Édouard pense avoir vu R et E marcher en direction du bus. M et moi le remercions pour le pain et on s'en va.

Je me demande ce qui nous attend à l'endroit où était stationné le centre d'accueil des enfants. Un autre carré de terre nue et Charité partie ?

Mais avant qu'on arrive sur place, on entend le bruit d'un moteur, des coups de klaxon. Et on voit le bus rouge avancer sur le chemin de terre défoncé. Penché à une fenêtre, V nous prend en photo et on voit R assise à l'étage à l'avant, à côté de E. E qui tape sur la vitre pour attirer notre attention, nous fait signe.

Le bus s'arrête à notre hauteur et les portes s'ouvrent avec un sifflement. Charité est au volant, elle se tourne vers nous et nous sourit.

– Montez, dit-elle.

M, E, R, C, I

Le bus déborde d'enfants. Une odeur de café chaud et le bruit de conversations animées filtrent par les portes ouvertes. Charité et ses bénévoles ont fait le tour du Camp pour récupérer tous les gosses livrés à eux-mêmes. Chacun a un petit pain dans une main et une tasse en plastique fumante dans l'autre.

Au fond du bus, des enfants jouent à « trois petits chats ».

On se croirait dans un autre monde.

E descend l'escalier en quatrième vitesse pour

venir serrer M dans ses bras. Elle lui ébouriffe les cheveux et l'embrasse sur la tête.

– Tout va bien, dit-elle. Tout va bien.

Charité appuie sur le bouton de fermeture des portes et descend du siège conducteur.

– Montons, dit-elle. R veut vous montrer sa blessure.

Adossée à des coussins, R est assise sur la banquette à l'avant. En nous voyant, elle sourit. E se précipite à son côté.

– J'avais peur que vous ayez été fauchés par le canon à eau – elle se pince le nez. Mais je sens d'ici que vous n'avez pas vu d'eau depuis des semaines.

M s'avance pour l'embrasser mais R l'arrête de la main.

– Montre-leur ! dit E, les yeux écarquillés d'avance.

R tire sur le col de son T-shirt pour découvrir son épaule. Elle a un hématome rouge et violet tout gonflé, de la taille d'une balle de golf.

– Aïe ! dis-je.

– Elle a été touchée par une balle en caoutchouc, explique Charité.

– C'était une lionne bondissante, dit E. Le Garde a cru qu'elle était sauvage.

– J'ai failli le mordre, ajoute R.

Comme par magie, Charité sort soudain un gigantesque paquet de chips.

– Des gâteries pour mes petits lions, dit-elle en l'ouvrant.

Avant que quiconque puisse l'en empêcher, E plonge la tête dans le paquet.

– *Ricem !* déclare-t-il avec force reniflements.

– *Rarf ! Rarf !* dit R en parvenant à sourire.

Elle repousse gentiment E pour lui faire sortir la tête du paquet, puis lui tend sa main, paume ouverte, pour qu'il lui en donne. E a des tonnes de chips collées aux lèvres, il recrache une pleine bouchée dans la main de R qui s'empresse de les avaler.

– C'est dégoûtant, dit M.

R finit ses chips tandis que V prend une photo de son hématome.

– Heureusement que ce n'était qu'une balle en caoutchouc, dit R en regardant fixement E qui vient de replonger la tête dans le paquet de chips. La force d'une balle en mousse. Ou d'une marionnette en plastique.

– Ou d'un avion en papier, dis-je. Ou d'une branchette pistolet.

« Ou d'un canon à eau. »

Je remarque soudain que Charité est en train de nous scruter, un par un, comme si elle vérifiait le visage de chacun. Quand son regard atteint le fond du car, elle se rembrunit. Ça me rappelle notre instituteur à l'école quand il comptait les têtes.

Pour vérifier. Pour vérifier que tout le monde était sain et sauf.

Sauf que Charité ne compte pas les têtes, mais les visages.

Sa bouche s'affaisse. Elle nous demande de nous asseoir et de l'écouter.

Tout le monde obéit et Charité pousse un profond soupir.

– Bien, dit-elle. J'ai une question très importante à vous poser.

Tout le monde attend en silence.

– Est-ce que l'un d'entre vous a vu C ? demande-t-elle.

M et moi échangeons un regard surpris.

C ?

La dernière fois que j'ai vu C – juste avant que M et moi partions tenter de sauver notre cabane – il était dans les bras de V.

Je me tourne vers V.

Il n'a pas l'air fier.

– J'ai cru que C vous avait suivis, dit-il. Ensuite, un Garde a voulu m'arracher mon téléphone parce que je prenais des photos. Ensuite… j'ai essayé d'empêcher R de se faire tirer dessus. Et ensuite, ensuite…

Il ne finit pas sa phrase et ferme les yeux. Il me fait de la peine. Ce n'est pas sa faute. Il n'est pas chargé de nous surveiller tous.

– Donc, dit Charité, C n'a jamais été avec vous deux.

Elle ne regarde pas V mais je devine qu'il l'a déçue. C est encore un bébé et V presque un homme.

– Il est où, alors ? je demande avant de me rendre compte de l'inutilité de ma question.

Je me mettrais des baffes.

– Je sais ! dit R qui reprend du poil de la bête. C'est évident, non ?

Tous les regards se tournent vers elle.

– Il est à l'Arbre-jeu ! dit-elle. Il y est forcément. Il doit nous attendre. Attendre qu'on joue au jeu des marionnettes.

– Et manger des baies ! hurle E en raclant le fond du paquet de chips.

Je vous jure, le soulagement est palpable dans notre petit groupe.

– Alors, allons le chercher ! dit V. Tout de suite.

La bande se lève comme un seul homme – même R qui a manifestement mal à l'épaule, intensité de la douleur : huit sur une échelle de dix. Tout le monde sait qu'il est inutile de lui dire de rester assise et de ne pas nous suivre.

– Bien, dit Charité en regardant V d'un air sévère. Mais, cette fois, vous restez ensemble, quoi qu'il arrive.

Je reconnais ce regard. C'était celui de ma mère quand j'étais chargé d'accompagner mes petites sœurs à l'école. Mon cœur se serre dans ma poitrine. Je me tourne vers Charité. « Regardez-moi avec cet air-là, je la supplie. Regardez-moi comme ça. »

Mais elle ne le fait pas. C'est son fils qu'elle regarde et à qui elle finit par sourire quand il lui répond :

– Ne t'inquiète pas, maman, on restera ensemble, je te le promets.

On restera ensemble. Quoi qu'il arrive.

Le Camp semble se dissoudre avant de disparaître tout à fait. Plus aucune tente, plus aucune cabane debout. Plus de feux. De stands. Il ne reste que des Gardes qui époussettent leurs pantalons, essuient leurs matraques en fumant des cigarettes alors qu'ils ne sont même pas dans leur coin fumeur.

Non, le coin n'était pas à eux, c'était notre espace. Plus maintenant. Il appartient aux Gardes et aux bulldozers.

Les bulldozers ne ménagent pas leur peine. Ils nettoient le sol, ils font table rase. Ils débarrassent les toits arrachés, les tables en morceaux, les draps jetés, les braises de ceci et les cendres de cela. Les bouteilles, les briques, les livres, les ballons de foot et les téléphones. Tout.

Tout le camp est balayé plus loin dans le Fossé Profond. Il ne reste plus qu'un terrain vague boueux. Le soleil apparaît et ne se reflète sur rien.

– Ma couleur, dit R tandis qu'on traverse l'étendue boueuse qui miroite au soleil. Un champ d'or !

On arrive au Fossé Profond. Je sais qu'on y est en raison de la courbe de la colline à cet endroit. Mais le Fossé Profond a disparu. Tout est plat.

Bien sûr, ça fait des lustres que le Fossé Profond n'est plus un fossé, mais une montagne de déchets côtoyant une vallée boueuse.

Mais il n'y a plus rien, si ce n'est un autre terrain vague aplati. Les bulldozers ont poussé, poussé, tout le Camp dans la prairie.

La clôture par laquelle je passais a disparu. Les haies qui bordaient le côté gauche ont été écrasées par le bulldozer. Un pressentiment affreux me tord le ventre.

On s'aventure un peu plus loin et, à mesure qu'on avance, je constate que tout ce qui était vert est devenu marron, le terrain vague s'étend désormais sur un nouveau territoire.

Aucun signe de C.

Tout au bout de la prairie, à proximité de l'Arbre-jeu, les bulldozers s'activent.

M tient fermement E par la main. R souffre de sa blessure. V prend des photos de tout. Aujourd'hui, la prairie est silencieuse. Aucun bourdonnement d'insecte, aucun chant d'oiseau.

On arrive à notre arbre pile au moment où le bulldozer s'attaque au secteur. Je réalise que les hommes des bulldozers n'ont pas l'intention d'aplatir notre arbre, pas plus qu'ils n'avaient l'intention d'aplatir les haies, les fleurs ou l'herbe. Ils essaient simplement de se débarrasser du Camp. Ils sont là pour achever le nivellement.

Dans les tonnes de boue que les bulldozers ont transportées jusqu'à la prairie, nos vêtements, nos couvertures, nos casseroles se trouvent agglomérés.

R se tourne vers moi et éclate de rire.

Pigé. Plus ils s'efforcent de se débarrasser de nous, plus ils nous éparpillent.

L'Arbre-jeu craque lorsque les griffes du bulldozer soulèvent le tronc, arrachent les racines.

L'arbre commence à céder. La branche qui porte nos Feuilles de vie se brise. Les feuilles qui portent nos noms tremblent.

L'arbre s'écrase au sol. Le bulldozer avance. Les dents du godet déchirent les brins de laine de la couverture de Charité qui reliaient nos histoires ensemble. Nos feuilles sont libérées, elles flottent quelques instants entre l'arbre et la terre.

Je respire bien fort.

On est emportés par le vent.

Boum, fait mon cœur.

Mais dans ma tête, c'est *oust* que j'entends, pas *boum*. *Oust*, disent les bombes. *Oust*, disent les bulldozers, les soldats, les Gardes.

Oust.

Ils nous dispersent comme des feuilles, d'un bout du monde à l'autre.

I descend doucement dans la boue.

M et E sont pris dans un courant d'air.

L'espace d'un instant, R reste au creux de l'arbre, elle tremble contre l'écorce, puis tombe et sombre dans la boue.

C a disparu, une feuille parmi les feuilles.

On ne rentrera jamais chez nous. On n'a plus de chez-nous.

Le bulldozer balance de la boue sur ce qui reste

des feuilles déchirées, des marionnettes en miettes – la verte, la bleue, la rouge et la dorée.

À la nuit tombée, on dort tous dans le bus.

Charité ne veut pas qu'on se renseigne auprès des Gardes à propos de C. Elle ne leur fait pas confiance. La plupart des adultes et certaines familles ont eu leurs empreintes digitales relevées et ont été conduits dans les containers métalliques. Mais, comme ils sont pleins, certaines personnes ont été embarquées dans des cars vers d'autres camps, Dieu sait où. D'autres ont été emmenées au poste de police. Tout le monde est déplacé, mais on ignore vers où.

On est disséminés.

Charité dit qu'on est en sécurité avec elle, pour l'instant. Que des projets se mettent en place. Que des gens se battent pour nous.

Je dis que je ne veux pas qu'on se batte pour nous, que j'en ai assez des combats.

Charité est désolée, elle n'a pas choisi le bon mot.

Son fils explique que des gens surveillent nos

arrières. Et j'ajoute dans ma tête: «Armés d'un fusil.»

– Où est C? demande E. Pourquoi il ne dort pas avec nous dans le bus? Qu'est-ce qui lui est arrivé?

Je m'apprête à dire: « Qui veut jouer?» Mais je suis épuisé, je m'endors.

Le lendemain matin, on a encore droit à du café et à un petit pain. Beaucoup d'adultes se pressent autour du bus et les conversations vont bon train.

Charité s'est aperçue que j'étais réveillé et vient vers moi en souriant.

– On va retrouver C, dit-elle.

– Vraiment? dis-je.

– Oui.

Je ne la crois pas.

Dans le bus, les gens se sont rassemblés par petits groupes. Les enfants poussent des cris perçants, rient et font des ah et des oh en montrant du doigt ce qui occupe leur petit groupe.

– On va te trouver une maison, dit Charité. On va

en trouver à tous les enfants. On n'arrêtera pas tant qu'on n'aura pas fini, inlassablement.

Mais je suis déjà trop fatigué. J'ai l'impression d'être fini.

Un journaliste est monté dans le bus et pose des questions. Les enfants l'entourent, surexcités, ils ont tous leur mot à dire.

Je crie à la cantonade :

– Est-ce que quelqu'un a vu C ?

Mais personne n'entend.

Armé d'une pile de papiers, V vient me trouver. Il est accompagné d'un enfant que je n'ai jamais vu et qui me sourit.

– Je te présente U, dit V.

Je jette un coup d'œil à U.

– Je ne suis pas d'humeur, dis-je à U en faisant la tête.

– Vas-y, U, dis-lui, le presse V. Dis-lui ce que tu as vu.

L'Enfant U lève le bras et m'indique le haut du Camp.

– La clôture est par terre, dit U, et les Gardes sont occupés à mettre tout le monde dans des cars ou à retirer les débris des cabanes ou à aplatir le Fossé Profond.

Rien de nouveau.

– Les gens se faufilent par l'ouverture dans la clôture. Ils quittent le Camp. Ils vont ailleurs.

– Ailleurs, répète V en agitant ses papiers.

J'ai envie de les lui arracher des mains. Mais V se tourne à nouveau vers U.

– Dis-lui, répète-t-il à U.

– Voilà, dit U, je ne suis pas sûr à cent pour cent mais je crois bien avoir vu C.

« Quoi ? » Pourquoi V ne l'a pas dit tout de suite ? Je me lève d'un bond.

V prend la première feuille de la pile et la pose devant U.

U et moi regardons la feuille.

– J'en ai imprimé des dizaines, explique V, pas peu fier.

En haut de la feuille, on peut lire, écrit en gras :

AVEZ-VOUS VU L'ENFANT C ?

En dessous, il y a une photo de C prise par V quand on était à l'Arbre-jeu, juste avant l'arrivée des bulldozers.

Sur la photo, C est debout sous une branche, un immense sourire lui barre le visage. Du bout des doigts, il touche la feuille d'un vert brillant attachée à la branche par un brin de laine pris à la couverture de Charité. Ses doigts effleurent la lettre *C* tracée au jus de baie. Son nom. Sa Feuille de vie. Son Livre de vie. Son passeport. C sourit de toutes ses dents.

V nous montre la feuille suivante. Sur la photo, C est perché sur les épaules de R.

AVEZ-VOUS VU L'ENFANT C ?

– Tu es sûr que c'était lui ? V et moi demandons en même temps.

U hoche la tête.

– Oui, oui, oui, c'est bien lui que j'ai vu passer par le trou dans la clôture.

J'ai l'impression que ma poitrine va éclater. Je réunis tout le monde.

– Vite, dis-je. J'ai un nouveau jeu. Qui veut jouer ?

M, E et R lèvent la main, même si cette dernière a mal. Charité sourit et lève la main aussi.

– C'est le meilleur jeu auquel on ait jamais joué, dis-je d'une voix ferme alors que je me sens tout flageolant à l'intérieur. C'est un jeu de *cache-cache*. Le but est de trouver C. Et on continuera de jouer tant qu'on n'aura pas atteint ce but. Vous voulez jouer ?

R prend une des feuilles dans le tas de V. Elle la brandit bien haut pour que tout le monde puisse voir la photo de C. Elle caresse la joue de C.

– Quand on aura retrouvé C, on aura gagné, dit-elle.

– Oui ! dis-je. Oui !

– Mais où on va chercher ? demande E.

Personne ne lui répond.

Puis M dit :

– On cherchera partout.

Elle lève les yeux de la pile de photos qui racontent la vie de C pour regarder l'espace blanc qui nous entoure, puis elle ouvre les bras vers le ciel. Partout.

Charité démarre le bus.

– Alors, allons-y. Tout le monde monte, crie-t-elle. Allons chercher C. La brèche dans la clôture est à cinq minutes d'ici, au bout du chemin.

Tout le monde se regroupe autour de la cabine du chauffeur quand Charité appuie sur l'accélérateur, faisant rugir le moteur.

– Tenez-vous bien, dit-elle tandis que le bus bringuebale sur le chemin de terre défoncé – dans la boue marron, pourrie, puante.

R me prend la main et la serre très fort. Le Camp défile derrière les vitres. Ce n'est plus qu'un terrain vague, il ne reste rien à part quelques feux dont la fumée se détache sur le ciel bleu. Les cendres de nos maisons. Il ne reste rien à part des Gardes qui se frayent un chemin parmi les détritus à coups de pied, histoire de vérifier qu'aucun signe de vie n'a échappé aux bulldozers. C n'est pas ici.

Des retardataires marchent sur le chemin, ployant sous le poids de leurs affaires, leurs enfants sur leurs épaules.

Le bus grimpe le flanc de la colline en grognant. En regardant par la fenêtre, on voit des plumes blanches de cigogne voleter autour de nous.

Non, pas des plumes. Des feuilles.

Pas des feuilles d'arbre, mais des feuilles de papier sur lesquelles apparaît le visage de notre enfant de la boue, C. Du premier étage, aidé de notre nouvel ami, U, V disperse les feuilles qui flottent autour de nous dans le ciel bleu avant d'atterrir dans la gadoue.

Les photos de C.

C assis sur un seau.

C mangeant une pomme.

C dans les bras de Charité.

C interrogé par un Garde.

C jouant au jeu des marionnettes.

C chantant sa chanson.

« Avez-vous vu l'Enfant C ? »

Son Livre de vie.

C sourit sur toutes les photos.

Je vois M. Sandale ramasser une feuille, regarder la photo, encore et encore.

AVEZ-VOUS VU L'ENFANT C ?

M. Sandale nous sourit et hoche la tête. Il lève le bras et indique la route un peu plus loin. Il se rappelle C. Son sourire s'élargit tandis qu'il nous fait signe de nous dépêcher.

En arrivant à la limite du Camp, on aperçoit la brèche dans la clôture, elle n'est pas surveillée, tout le monde peut y passer. Le Camp n'existe plus. Ce n'est plus notre chez-nous.

Le bus passe par l'ouverture. On quitte le Camp.

La route devant nous se sépare en trois directions différentes.

– De quel côté ? demande M. De quel côté C

serait parti ? demande-t-elle d'une voix qui monte dans les aigus.

R me serre la main plus fort.

– Il n'a pu prendre qu'une direction, dis-je.

E entoure la jambe de M et lève sur moi des yeux implorants : « De quel côté ? »

– Tout droit ! dis-je en souriant. C irait forcément tout droit.

Et c'est tout droit qu'on part chercher C.

Tout droit.

Tous les événements décrits dans cette histoire sont vrais. Ils sont arrivés récemment à de vrais enfants dans de vrais camps un peu partout dans le monde. Pour les besoins de l'histoire, les prénoms des enfants ont été remplacés par des lettres. Des films, des photos, des interviews témoignent de ce qui est arrivé à ces enfants dans ces camps et sont accessibles sur de multiples sites d'information.

Pour plus de détails concernant les enfants qui vivent dans les camps et si vous souhaitez les aider, connectez-vous à :

https://fr.helprefugees.org/uk/

À ma mère, Olive Tasane (1934 – 2018)

Steve Tasane est l'auteur de deux romans pour jeunes adultes : *Blood Donors* (2013), qui figurait sur la liste de « Seven Stories – Diverse Voices », jury des meilleurs livres représentant la diversité culturelle depuis 1950 et *Nobody Saw No One* (2015), qui figurait sur la liste des meilleurs livres pour enfants du *Guardian*. Par ailleurs, Steve Tasane est un poète qui s'est produit en de multiples occasions, comme le festival de Glastonbury et des centaines d'écoles dans tout le Royaume-Uni.

SI VOUS AVEZ AIMÉ CE LIVRE
DÉCOUVREZ-EN D'AUTRES

Rage

Orianne Charpentier

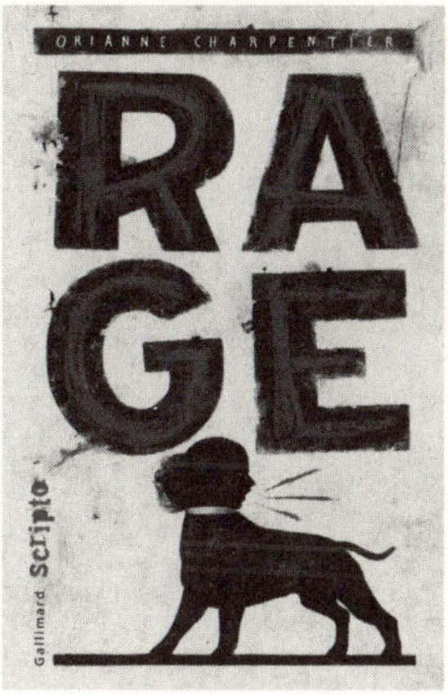

RAGE... C'est le surnom que son amie lui a donné. C'est désormais ainsi qu'elle se nomme, pour oublier son nom d'avant, celui de son enfance, d'avant l'exil, la déchirure. Rage a eu affaire à la violence des hommes, de la guerre. Et la voilà réfugiée en France, seule, sans aucun repère. Telle une bête traquée, elle se méfie de tous. Une nuit, sa route croise celle d'un chien, apparemment dangereux, blessé, maltraité. Le sauver devient une nécessité…

Ce qu'ils n'ont pas pu nous prendre

Ruta Sepetys

Lina est une jeune Lituanienne comme tant d'autres. Très douée pour le dessin, elle va intégrer une école d'art. Mais un nuit de juin 1941, des gardes soviétiques l'arrachent à son foyer. Elle est déportée en Sibérie avec sa mère et son petit frère, Jonas, au terme d'un terrible voyage. Dans ce désert gelé, il faut lutter pour survivre dans les conditions les plus cruelles qui soient. Mais Lina tient bon, portée par l'amour des siens et son audace d'adolescente. Dans le camp, Andrius, 17 ans, affiche la même combativité qu'elle.

Issa, enfant des sables

Pierre-Marie Beaude

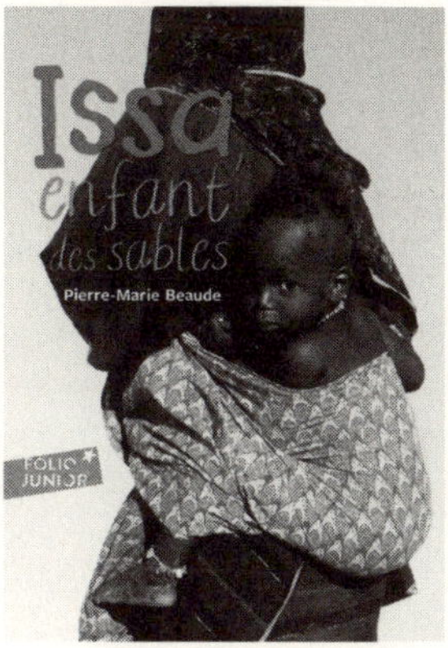

Issa a tout juste 4 ans. Poussés par la sécheresse et la famine, ses parents fuient vers le nord, espérant trouver de l'eau et de la nourriture au-delà de ce désert où plane l'ombre de la mort. En chemin, ils rencontrent Marie, une jeune femme médecin qui porte assistance aux populations en danger. Marie n'accepte pas le terrible destin qui pèse sur Issa et décide de se battre jusqu'au bout pour sauver cet enfant des sables…

Le papier de cet ouvrage est composé de fibres naturelles,
renouvelables, recyclables et fabriquées à partir de bois
provenant de forêts gérées durablement.

Titre original : *Child I*

Traduit de l'anglais par Catherine Gibert

Édition originale publiée en 2018 par Faber & Faber Limited,
Bloomsbury House, 74-77 Great Russel Street,
London, WC 1B 3 DA

Mise en pages : Françoise Pham

Loi n° 49-956 du 16 juillet 1949
sur les publications destinées à la jeunesse
ISBN : 978-2-07-512214-6
Numéro d'édition : 344576
Dépôt légal : mars 2019

Imprimé en Italie par L.E.G.O.